VENDAS
À PROVA DE
CRISES

CARO LEITOR,

Queremos saber sua opinião sobre nossos livros.
Após a leitura, curta-nos no facebook.com/editoragentebr,
siga-nos no Twitter @EditoraGente,
no Instagram @editoragente
e visite-nos no site www.editoragente.com.br.
Cadastre-se e contribua com sugestões, críticas ou elogios.

VENDAS À PROVA DE CRISES

Peixoto Accyoli, organizador

Apresentação de
Fernando Albuquerque

Prefácio de Alfredo Soares

CACÁ ZAMBARDINO
CÉSAR CÁCERES
EDINALDO RODRIGUES
OTTO CARNEIRO
PEDRO FONSECA
PEDRO VIRIATO
REMO GRANATA JR.
ROGÉRIO MORGADO
THIAGO MEDEIROS
WILLIANS BRAGA
YVES NAVARRO

Habilidades e estratégias
para crescer em
mercados desafiadores

GENTE
editora

Diretora
Rosely Boschini

Gerente Editorial
Carolina Rocha

Editora Assistente
Audrya de Oliveira

Assistente Editorial
Giulia Molina

Produção Gráfica
Fábio Esteves

Preparação
Laura Folgueira

Capa
Thiago de Barros

Projeto Gráfico
Thiago de Barros

Diagramação
Futura

Revisão
Amanda Oliveira e Elisa Casotti

Impressão
Gráfica Loyola

Copyright © 2021 by Peixoto Accyoli
Todos os direitos desta edição
são reservados à Editora Gente.
Rua Original, 141/143 – Sumarezinho
São Paulo, SP – CEP 05435-050
Telefone: (11) 3670-2500
Site: www.editoragente.com.br
E-mail: gente@editoragente.com.br

Dados Internacionais de Catalogação na Publicação (CIP)
Angélica Ilacqua CRB-8/7057

Vendas à prova de crises / Habilidade e estratégias para crescer em mercados desafiadores / Organizado por Peixoto Accyoli. – São Paulo : Editora Gente, 2021.
192 p.

ISBN 978-65-5544-140-6

1. Vendas – Administração 2. Negócios I. Título

21-2645   CDD 658.164

Índice para catálogo sistemático:
1. Vendas – Administração

NOTA DA PUBLISHER

    Falar sobre vendas é algo que nunca perde relevância, e ninguém entende mais sobre *Vendas à prova de crise* que o Peixoto Accyoli, autor excepcional que tive a honra de lançar com o livro Excelência para obstinados, em 2019. Quando Peixoyo propôs convocar um time de peso da RE/MAX, líder global no mercado imobiliário e empresa que entende que seu produto não são apenas imóveis, mas sim sonhos, para compor a obra que está agora em suas mãos, eu sabia que o resultado não poderia ser nada menos que grandioso.

    Nessas páginas, caro leitor, você vai conhecer o poder de transformação das vendas na vida das pessoas. Aqui, todos os autores possuem um ponto valioso em comum na hora de fazer negócio: entendem a área de vendas como algo extremamente humano, cujo atendimento personalizado e reconhecimento dos sonhos e aspirações daquele que está do outro lado da mesa de negociação fazem toda a diferença. Vendas não é apenas o centro de qualquer empreendimento, mas também uma ferramenta imprescindível para alcançar seus objetivos.

Todo mundo precisa saber vender, é o que movimento a nossa economia, gira o nosso caixa interno, paga as nossas contas diárias, garante que nós consigamos, também, comprar algo desejado. Vender faz parte do nosso crescimento em TODAS as áreas do mercado, e quem sabe vender bem, se destaca e vence qualquer obstáculo.

É preciso ter calor, inspirar, emocionar, motivar. E neste livro você vai aprender tudo isso e muito mais com grandes líderes do mercado de vendas que estão fazendo história no Brasil e no mundo e crescendo em meio a uma economia conturbada.

Chegou a hora de transformar a sua vida e o seu negócio com *Vendas à prova de crise*. Vamos juntos?

Rosely Boschini – CEO & Publisher da Editora Gente

DEDICATÓRIA

Para toda família RE/MAX do Brasil e do mundo, por serem protagonistas na realização de sonhos de milhões de famílias que compram ou vendem seus imóveis todos os anos.

A todos os empresários do mercado imobiliário que deixaram de lado o ego, acreditaram em uma nova forma de relacionamento com clientes e converteram suas empresas numa franquia RE/MAX com o objetivo de transformar as suas vidas e as do seu time de corretores, adotando modelo que mais vende imóveis no mundo.

A todos os empreendedores do Brasil, dos mais diversos segmentos, que veem da RE/MAX a melhor oportunidade para iniciarem em um dos mais lucrativos mercados do mundo: o imobiliário.

Por fim, dedicamos este livro a todos os corretores e corretoras que compartilham dos nossos valores: Ética, Parceria, Comprometimento, Aprendizado, Foco, Resiliência e Excelência.

AGRADECIMENTOS

Escrever um livro é ficar para sempre na história.

Publicar um livro pela Editora Gente é transformar uma história em um best-seller!

Nossa gratidão eterna a todos os que fazem parte da editora, por terem tido paciência e resiliência de juntar esses onze autores ao longo de quase dois anos para contar como superar os desafios das crises e obter resultados extraordinários.

Agradecimentos mais que especiais a Carol, Audrya e Rosely, pela imensa tranquilidade na forma de falar que estávamos atrasados com as entregas dos capítulos, mesmo sem, por um segundo sequer, deixar de passar amor, cuidado e atenção em todo o processo.

Nossos agradecimentos a todos que cruzaram nossos caminhos nessa intensa jornada de contribuir para transformação das vidas das pessoas.

Nossa gratidão a todos os que acreditaram no nosso projeto e estão fazendo história sendo protagonistas das suas próprias vidas.

As nossas famílias que nos apoiam de maneira incondicional na realização da nossa missão: ajudar as outras pessoas a conquistarem seus sonhos e objetivos.

A todas as pessoas que ajudam outras pessoas a vencerem.

SUMÁRIO

PREFÁCIO 13
Por Alfredo Soares

APRESENTAÇÃO 19
Por Fernando Albuquerque

INTRODUÇÃO 25
Por Peixoto Accyoli

Capítulo 1
PROPÓSITO DE VIDA: VOCÊ NASCEU PARA SER UM VENDEDOR DE SUCESSO 33

Por Thiago Medeiros

Capítulo 2
O PROFISSIONALISMO É SEU ALIADO: TRABALHE PARA CHEGAR LÁ 47

Por Willians Braga

Capítulo 3
DESENVOLVA SUA AUTORIDADE 61

Por Edinaldo Rodrigues

Capítulo 4
FAÇA VOCÊ MESMO: FIQUE ATENTO À SUA GESTÃO PESSOAL 77

Por Remo Granata Jr.

Capítulo 5
O CAMINHO DAQUELES QUE FAZEM A DIFERENÇA 91

Por Cacá Zambardino

Capítulo 6
INSPIRAÇÕES PARA CRESCER E TER SUCESSO 105

Por Pedro Fonseca

Capítulo 7
AS PESSOAS IMPORTAM! 121

Por Yves Navarro

Capítulo 8
INFLUENCIE PESSOAS E TRANSFORME SUAS VIDAS 135

Por Otto Carneiro e Rogério Morgado

Capítulo 9
CONSTRUA UMA VISÃO PODEROSA COM A CABEÇA NAS NUVENS E OS PÉS NO CHÃO 151

Por César Cáceres

Capítulo 10
FAÇA SEU NEGÓCIO TRABALHAR PARA VOCÊ 163

Por Pedro Viriato

Capítulo 11
O PODER DAS PESSOAS 177

Por Peixoto Accyoli

PREFÁCIO

POR ALFREDO SOARES

| OBSTINAÇÃO EM VENDER

Já faz tempo que o papel de vendedor deixou de ser daquela pessoa que só ficava atrás de um balcão esperando que o cliente chegasse para comprar aquilo que a loja vendia. Ou então o vendedor era aquela pessoa que falava bem, que tinha "jeito com as palavras", que conseguia convencer o cliente a comprar de qualquer jeito.

Mas os tempos mudaram. E mudaram muito. Vender é mais do que esperar o cliente se interessar pelo produto ou serviço ou falar bem. Vender agora é saber ouvir seu cliente, conhecer suas necessidades, seus desejos e seus problemas. O cliente é empoderado, ele sabe o que quer e, principalmente, sabe que tem o poder na mesa. Então, ouvir se tornou uma importante ferramenta de vendas. Assim como se tornou importante encantar esse cliente e proporcionar a ele experiências de alto impacto. Hoje as mudanças acontecem muito rápido. Às vezes não precisa de um dia sequer para acontecerem e exigem dos *players* um esforço grande para não ficar para trás e perder um bom negócio. Não dá para desperdiçar uma chance de mostrar que você sabe o que o cliente quer e que tem o produto ideal para resolver suas dores. E que não sabe só falar bem.

O que eu vejo, porém, é que há muitas pessoas que sabem dessas mudanças. Mas eu preciso ser muito sincero com você: só saber que tudo isso existe, não é suficiente. É preciso saber usar esse conhecimento no dia a dia. E é essa ponte entre o conhecimento empírico e a prática que o Peixoto Accyoli ensina neste livro.

Ele mostra algo que eu acredito e falo muito em minhas palestras e nos meus livros: vender é conectar pessoas a produtos ou serviços no momento certo, com a pessoa certa, da forma certa.

PREFÁCIO

Isso vale para qualquer tipo de produto. Seja uma loja de roupas, um restaurante e até mesmo para produtos de alto valor, como é o caso do ramo imobiliário. O Peixoto Accyoli soube traduzir essa arte como ninguém neste livro. E ele tem todas as credenciais para falar desse assunto, afinal foi o responsável em tornar a RE/MAX Brasil uma das principais redes de franquia do mundo e ainda faturar o prêmio *The Region of the Year,* pelo seu trabalho de destaque. E olha que a filial brasileira não tinha muito prestígio lá fora. Ele persistiu, insistiu e conseguiu e conta essa história no capítulo 11. Só por isso já vale a leitura deste livro.

Mas ele mostra mais. Junto com uma equipe dos melhores vendedores da RE/MAX do mundo, ele mostra que para vender é preciso estar ao lado do cliente em momentos decisivos. Quando ele precisa de algo, quando ele procura algo e onde ele está. Ou seja, a máxima esteja no lugar certo e na hora certa ganha mais um lado: estar também com o produto certo. O bom vendedor coloca as pessoas em primeiro lugar, ele tem prazer em servir e prestar um serviço de excelência. Ele não é só o cara que trabalha para uma empresa. Mas sim um empreendedor com objetivos definidos, vontade de crescer e firme na busca do próprio sucesso. Você já parou para pensar nisso? Já enxergou o vendedor como um empreendedor? Foi com esse pensamento que a RE/MAX mudou a história dela no Brasil. Prepare-se, então, para aprender muito com os ensinamentos desse time de experts e mudar o rumo da sua empresa ou o seu jeito de vender. Certeza que esse material tem tudo para se tornar o seu *book of the year.*

O Peixoto é um obstinado em vender, em fazer sempre o melhor e entregar o melhor para os seus clientes. Talvez por isso – ou exatamente por isso – a RE/MAX expandiu 68% só no primeiro semestre de 2021 comparado ao ano anterior. É um resultado excepcional.[1] Não é sorte, é trabalho, é perseverança, é dor, é sofrimento, é estudo e, acima de tudo, é saber enxergar as oportunidades e não desistir. Afinal, a oportunidade pode até bater na porta, mas ele não gira a maçaneta. Quem quer vender, não pode ficar parado. A roda está girando e você precisa acompanhar esse movimento.

Então, se aprofunde nesta leitura e aprenda a girar essa maçaneta.

Bora transformar a sua empresa!

Bora seguir em frente!

Alfredo Soares

Empreendedor com mais de dez anos de experiência em vendas e marketing, é autor dos best-sellers *Bora varejo* e *Bora vender*, publicados pela Editora Gente.

---

1 RE/MAX Brasil cresce 152% e revisa projeção de vendas. *Valor Econômico*. Disponível em: https://valor.globo.com/empresas/noticia/2021/07/22/remax-brasil-cresce-152-e-revisa-projecao-de-vendas.ghtml. Acesso em: 02 set 2021.

AFINAL, A OPORTUNIDADE PODE ATÉ BATER NA PORTA, MAS ELE NÃO GIRA A MAÇANETA.

APRESENTAÇÃO

POR FERNANDO ALBUQUERQUE

Apresentar a você, leitor, um livro como este, que reúne os mais experientes e dedicados especialistas do grupo RE/MAX, assim como seus conselhos, dicas e histórias, me deixa sem espaço para falar sobre vendas, afinal, pouco teria a acrescentar.

Assim, prefiro falar aqui sobre compras.

Nunca acreditei em vender aquilo que não se compraria. E foi comprando um modelo de empresa que me tornei sócio da RE/MAX Brasil em 2013.

O que eu comprei?

Erros e acertos de uma história vitoriosa de mais de cinquenta anos, em mais de cem países, que nos permitiriam ser os melhores no que fazemos. Uma família com mais de 100 mil parentes espalhados pelo mundo, criando uma espiral virtuosa, solidária e unida. Um sistema integrado de informações que forma um espetacular portfólio de produtos capaz de atender qualquer demanda de mercado. Uma escola para difundir e aperfeiçoar informações.

Um sistema de remuneração transparente, justo e abrangente a todos os atores de cada operação.

Ética. Gente apaixonada e orgulhosa pelo que faz. Trabalho, muito trabalho, mas sem nunca perder a ternura. Um time que aplaude nas horas boas e dá as mãos para atravessar os momentos difíceis. Satisfação contínua pelas conquistas, inquietação em fazer mais e melhor.

Um olhar para o futuro, suas oportunidades e a necessária adaptação para surfar as novas ondas.

Essa foi a minha aquisição. E hoje, atuando no mercado imobiliário há quase quarenta anos, nunca produzi um produto sequer que eu não compraria. Nunca vendi um imóvel que antes

APRESENTAÇÃO

um corretor não tivesse "comprado", acreditado que era uma boa oportunidade, antes de mostrar ao cliente.

Vendas á prova de crise é um manual valoroso para ser "comprado" por você, com todos os seus ensinamentos. Aplicar as lições contidas aqui, sim, será o caminho para vender.

Boa leitura!

Fernando Albuquerque

Presidente do Conselho de Administração da RE/MAX Brasil. É conselheiro, sócio e investidor de diversas outras empresas, entre elas a franqueadora Petland e a Lote 5.

NUNCA ACREDITEI EM VENDER AQUILO QUE NÃO SE COMPRARIA.

INTRODUÇÃO

POR PEIXOTO ACCYOLI

Naquela noite em Denver, nos Estados Unidos, eu mal sabia para onde olhar. Estava em um jantar na casa do cofundador da RE/MAX, Dave Liniger, e minha atenção estava dividida entre as boas histórias de empreendedorismo do anfitrião e a magnitude daquele imóvel: uma casa com mais de 6 mil metros quadrados de área construída e um dos melhores campos de golfe dos Estados Unidos, no seu "quintal", também parte da sua propriedade. Foi quando chegamos à sala dos troféus, um cômodo amplo no qual Liniger guardava todas as premiações que já recebeu. Nas palavras dele, aquela era a parte mais importante da residência. Quis saber o motivo de tamanha relevância, afinal, sendo tão premiado, será que ele ainda se sentia mexido com aquelas condecorações? Nunca esqueci a resposta que ele me deu: "Peixoto, só tem uma coisa que o dinheiro não pode comprar: o reconhecimento. E cada uma dessas placas e troféus tocaram meu coração de uma forma especial."

Organizar esse livro é, também, um reconhecimento. É juntar um time campeão, com onze craques de vendas que vão compartilhar com você os segredos do próprio sucesso e que são reconhecidos porque trabalham colocando as pessoas em primeiro lugar.

Este livro nasceu do desejo de compartilharmos caminhos. Não só técnicas, mas também comportamentos e estratégias que ajudem aqueles que estão na linha de frente dos negócios, conquistando clientes, negociando produtos e serviços, em busca de um crescimento que garanta a continuidade da empresa no futuro a enfrentar qualquer crise.

Nós nos apoiaremos na história de profissionais que constroem a RE/MAX no Brasil para que você encontre soluções mesmo

INTRODUÇÃO

que sua realidade neste momento pareça extremamente desmotivadora, com:

- **Resultados em vendas caindo drasticamente;**
- **Clientes indo embora;**
- **Dificuldade em se adaptar à velocidade de mudança do mercado;**
- **Extrema competitividade apresentada pelo mercado.**

Sabemos que a maneira de se relacionar com nossos clientes mudou. No entanto, falta o caminho das pedras para reconstruí-lo. É preciso desenvolver uma nova visão sobre o que é fazer um bom planejamento, como entregar experiências de alto impacto para os clientes e como seu desempenho pode realmente chegar à excelência.

É uma honra para mim ser o organizador desta obra que reúne alguns dos melhores vendedores da RE/MAX no mundo. Como líder e parte desse time, quero lhe assegurar uma coisa: as vendas são o oxigênio do negócio. Sem elas, não tem como continuar. É por isso que vamos ajudar você em seu caminho para a prosperidade, apresentando nossos aprendizados que nos permitiram superar inúmeras dificuldades.

Para mim, o bom vendedor não é aquele que fala muito, mas aquele que sabe ouvir. Que faz as perguntas certas e, com as respostas mais precisas em mente, pode oferecer o melhor produto para o cliente. Simplesmente colocar o sucesso do outro acima do seu. Para quem gosta de servir, é natural que seja assim.

Não à toa, a RE/MAX Brasil saiu de um dos piores desempenhos da rede no mundo em 2015 para ser o destaque de região do ano (*The Region of the Year*) em 2020 na mais importante premiação global para um país, dentro da estrutura da empresa. Para conquistar essa premiação, um país precisa ter alta performance em crescimento na venda de franquias, abertura de lojas RE/MAX, aumento expressivo de faturamento e da força de vendas, colaboração com outros países, entre outros requisitos.

Para se ter uma ideia, nosso faturamento cresceu 348% de 2018 para 2020. No comparativo com 2019, a expansão foi de 99%, um percentual elevado, principalmente se considerarmos os desafios trazidos pela pandemia de covid-19. Em 2021, no mês de agosto, nosso faturamento já superou o do ano anterior, fortalecendo a tese de que planejamos de maneira correta e que, novamente, dobraremos o faturamento de um ano para outro, o que representa 6 bilhões de reais em transações.

Fico emocionado ao pensar nesses resultados e chego à conclusão de que eles não são, definitivamente, fruto de ações individuais, mas do trabalho de um time afinado e sempre focada na expansão, no crescimento e na superação. Além disso: um time que sabe que sua missão é atingir seus objetivos ajudando outras pessoas a atingirem os delas.

PRAZER EM SERVIR

Uma superação constante e que só existe porque os autores aqui apresentados tratam de afiar o machado o tempo todo, são algumas das pessoas mais engajadas com o próprio desenvolvimento que eu conheço. Homens que têm muito prazer em servir, que realmente gostam de ver seus clientes serem atendidos com excelência.

São vendedores obstinados, gestores empenhados em acertar e gerar valor para o negócio, o time e o cliente. Um grupo que tem verdadeira obsessão por avançar.

Prepare-se para aprender muito com eles e espere reflexões fundamentais sobre as dez qualidades do vendedor de excelência: propósito de vida, profissionalismo, autoridade, gestão pessoal, importância de fazer a diferença, inspiração, relacionamentos, capacidade de influenciar pessoas, saber sonhar com os pés no chão e ser capaz de fazer seu negócio trabalhar para você.

Estamos falando aqui de um conjunto de habilidades que, dia após dia, nos fortalecem como empresa e vão ajudar seu negócio a ser mais eficiente também. Mais eficiente, vivo, forte e consolidado.

Assim somos nós, engajados e empenhados em oferecer o melhor para nossos clientes. Torço para que essa evolução seja notável logo mais em seu negócio também. Saiba que, na companhia de meus amigos Thiago Medeiros, Willians Braga, Edinaldo Rodrigues, Remo Granata, Cacá Zambardino, Pedro Fonseca, Yves Navarro, Otto Carneiro, Rogério Morgado, César Cáceres e Pedro Viriato, vai ficar tudo mais fácil, afinal, somos membros de uma família com mais de 130 mil vendedores, espalhados em mais de 120 países, com mais de 8 mil franquias de empresárias e empresários oriundos dos mais diversos segmentos que, juntos, fazem a empresa que mais vende imóveis no mundo.

Vamos em frente, que há muito para aprender com eles.

Boa leitura!

Peixoto Accyoli é presidente e CEO da RE/MAX no Brasil, que integra uma das principais redes de franquias do mundo. Possui formação no Programa de Desenvolvimento de Conselheiros - PDC da Fundação Dom Cabral – FDC, MBA em Gestão de Franquias pela FIA-USP, especialista em Marketing Estratégico pela UCAN-RJ/UNIFAL-AL e graduado em administração e marketing.

Executivo reconhecido por "fazer acontecer", "acelerar o crescimento" e "valorizar pessoas", é autor do best-seller Excelência para Obstinados – pague o preço e assuma a responsabilidade pelo seu sucesso. É palestrante sobre os temas gestão, carreira, franchising e mercado imobiliário, já proferiu centenas de palestras em mais de vinte estados brasileiros e vários países da América Latina e Europa. Aos 47 anos, tem mais de duas décadas de experiência em liderança, recuperação e aceleração de empresas.

**AS VENDAS SÃO O OXIGÊNIO DO NEGÓCIO.
SEM ELAS, NÃO TEM COMO CONTINUAR.**

CAPÍTULO 1

PROPÓSITO DE VIDA: VOCÊ NASCEU PARA SER UM VENDEDOR DE SUCESSO

POR THIAGO MEDEIROS

Não existe negócio sem uma ação comercial forte. Por isso, decidimos compartilhar com você nossas melhores estratégias e os aprendizados que temos praticado. Cada um de nós vai contar o que já fez e o que faz, todo os dias, para atender os clientes com atenção e eficiência. Tenho a honra de abrir os trabalhos para esse time que eu admiro tanto. É gratificante trabalhar levando adiante o modelo bem-sucedido da marca em meu estado. Em meu caminho, não faltam boas histórias para contar aos meus filhos, Pedro Henrique hoje com 11 anos e Valentina com menos de 1 ano. Vamos lá!

Desde o início, para mim, tudo era questão de sentir aquele frio na barriga. Na adolescência, sonhava em ser jogador de futebol. Tanto que, dos 13 aos 21 anos, treinei para me tornar profissional e cheguei a jogar nos times da base do Paraná Clube e do Coritiba, ambos na capital paranaense. Na realidade, sou gaúcho nascido na cidade de Passo Fundo, mas fui para Curitiba para acompanhar minha família, que decidiu se mudar para lá porque meu pai havia sido transferido no trabalho.

Embora amasse a rotina nos gramados, de algum modo também tinha a cabeça voltada para o mundo dos negócios. Hoje sei que sou um empreendedor nato e que só aproveitaria essa sensação de desafio permanente seguindo o caminho que escolhi. Tomei a decisão certa. Tenho orgulho de ser master franqueado da RE/MAX no Rio Grande do Sul, onde trabalhamos com profissionais de alta performance no mercado imobiliário.

É gratificante trabalhar levando adiante o modelo bem-sucedido da marca em meu estado. Em meu caminho, não faltam boas histórias para contar ao meu filho, hoje com 9 anos. Uma delas, que guardo com carinho, foi ter sido gestor de uma iniciativa da empreiteira OAS em Porto Alegre, em 2011. Era um projeto com

CAPÍTULO 1

novecentos apartamentos no bairro Humaitá, ao lado de onde foi construída a Arena do Grêmio.

Naquele momento já existiam alguns empreendimentos prontos na mesma região. Eram novos, de construtoras bem conhecidas, com um valor médio em torno de 3 mil reais o metro quadrado. Verificamos, porém, que eles vinham sendo vendidos a passos lentos. Nossos imóveis, em contrapartida, seriam colocados à venda inicialmente por 3 800 reais o metro quadrado.

Como nos destacaríamos se o mercado, além de parecer frio, ainda tinha uma concorrência com negócios já bem estabelecidos e com custo menor que o nosso? Não poderíamos seguir o script tradicional de uma oferta porque a guerra de preços não nos ajudaria. Nossa estratégia, então, foi descolar o lançamento do bairro em si e trazer o foco para a paixão pelo tricolor gaúcho. Fizemos um trabalho forte com os consulados gremistas, principalmente no interior, e uma pré-venda bem direcionada aos aficionados pelo clube. Com isso, o empreendimento ganhou uma nova dimensão e significado para a região, tornando-se parte da representação do sentimento do torcedor.

O resultado desse trabalho superou nossas expectativas mais otimistas: novecentas unidades foram negociadas em apenas oitenta e três dias. E mais, colocamos à venda por 4 800 reais o metro quadrado. Destas, 113 negociadas diretamente por mim, o que ainda me prestigiou com o primeiro lugar dentre os corretores. Aqui já quero trazer um ponto muito importante para quem quer ter uma posição de destaque no negócio: seja o primeiro a vender e acreditar no produto ou serviço em suas mãos. Ao longo de minha trajetória profissional, sempre gostei de ser exatamente assim: alguém que trabalha com vontade e senso de oportunidade, que

SEJA O PRIMEIRO A VENDER E ACREDITAR NO PRODUTO OU SERVIÇO EM SUAS MÃOS.

tem foco, comprometimento, ação e um método para agir. **A venda é fruto de planejamento e habilidade**. Ser gremista, claro, ajudou muito nesse caso.

Em ocasiões como essa dos apartamentos próximos à Arena do Grêmio, ou mesmo nas vendas e locações cotidianas, até as mais básicas, penso em todo o potencial que aquela oportunidade oferece e em como posso atender os consumidores da melhor maneira possível. Minha meta é agregar valor a suas vidas e transformar suas realidades; dessa forma, consigo ajudá-los por meio do meu negócio.

Sempre penso na importância que tem o imóvel em que vivemos ou no qual trabalhamos ou sediamos nossas empresas. São ambientes em que colocamos nossa energia diária, onde estão as pessoas que mais valorizamos em nosso dia a dia. Então entendo que meu papel é mostrar ao cliente que eu compreendo perfeitamente a responsabilidade e a importância que a decisão dele terá ao dizer sim para minha proposta. É preciso oferecer o melhor de acordo com as capacidades de cada um, e tenho a obrigação de fazer a diferença. Somente assim serei lembrado, procurado e recomendado por um número maior de clientes. Foi dessa forma que cresci até agora.

PAIXÃO GENUÍNA POR SERVIR

Você pode receber todos os manuais do mundo, mas, na essência, é tudo uma questão de propósito. Nosso poder de realização está intrinsecamente ligado a um objetivo de vida. Para mim, é fundamental não perder o foco do que quero e, ao perseguir isso, deixar um legado com meu trabalho para clientes e colaboradores. Quero ser lembrado pelo número de vidas que ajudei a transformar, pelo modo como melhorei o cotidiano dos homens e das mulheres que confiaram em minha experiência, que apostaram em meu talento.

Em outras palavras, meu propósito é **servir**. Tenho paixão em atender as pessoas. Isso me realiza. Na minha opinião, aí está a essência do trabalho de um autêntico vendedor. Se não tiver esse perfil, se não gostar de estar à disposição dos outros, talvez seja melhor considerar uma mudança de carreira.

Tenho paixão genuína pelo que faço, que alio à estratégia, valores claros, energia e habilidade de comunicação. Na minha visão, os grandes vendedores devem ter empatia, gostar de conversar, fazer perguntas, entrar no mundo daquela pessoa que está na sua frente no momento.

É muito importante, na nossa área, ser interessado, e não interessante. Temos de estar a serviço de quem nos procura, de quem quer comprar ou vender, e atender com excelência. No entanto, fazer a lição de casa como se deve e seguir todos os requisitos citados anteriormente, acredite, é para poucos.

Mas falar de propósito muitas vezes parece algo vago: como encontrar seu propósito de vida? Eu me lembrei de um artigo, do tipo lista rápida, publicado na *Forbes*, em que a autora Barbara Stanny faz uma alusão simples, mas eficiente: se você tivesse uma varinha mágica e pudesse resolver um único problema do mundo, qual seria?[1]

Pense nisso e saiba que a resposta há de ser um bom norte para sua escolha. Refletir sobre seus sonhos mais genuínos também ajuda. Deixe a imaginação livre e foque em pontos nos quais você se sente forte para compartilhar com outras pessoas.

---

1 STANNY, Barbara. 5 Tips for Finding Your Life Purpose. *Forbes*, 13 dez. 2011. Disponível em: https://www.forbes.com/sites/barbarastanny/2011/12/13/5-techniques-for--pinpointing-your-life-purpose/#2f659f603fb5. Acesso em: 17 jul. 2021.

Depois de tantos anos de caminhada, me sinto leve por estar exatamente onde gostaria de estar neste momento. E pode ser assim para você também.

ESTUDE, ESTUDE, ESTUDE

Destaco ainda a importância do estudo para todos os profissionais. Ao analisar nossa área, vejo que ainda são poucos os vendedores, corretores e demais profissionais do meio comercial que gostam de estudar, que estão buscando soluções mais inovadoras para acompanhar seus clientes – então está aqui uma oportunidade para se diferenciar. Além de fazer cursos e treinamentos regularmente – me inscrevo sempre que bons eventos são oferecidos –, tenho como meta ler ao menos um livro por mês. Quero aprender com os grandes, buscar inspiração e motivação para avançar o tempo todo.

Nessa linha, um livro que me inspirou muito e que recomendo a todos é *Sonho grande*,[2] que narra a trajetória de Jorge Paulo Lemann, Marcel Telles e Beto Sicupira, os empreendedores brasileiros à frente da maior cervejaria do mundo, a AB Inbev. Aliás, esse e outros negócios mundialmente conhecidos, como Burger King e Heinz, marcas fortes em suas áreas.

Aprendi muito ao ler as histórias que demonstram a determinação do trio – sempre focado nas oportunidades oferecidas pelo mercado – em apresentar aquilo que pode facilitar a vida das pessoas. E isso para não falar da ousadia, como a compra da cervejaria Brahma e, depois, a fusão com a marca Antarctica.

---

2 CORREA, Cristiane. *Sonho grande*: como Jorge Paulo Lemann, Marcel Telles e Beto Sicupira revolucionaram o capitalismo brasileiro e conquistaram o mundo. Rio de Janeiro: Sextante, 2013.

OS GRANDES VENDEDORES DEVEM TER EMPATIA, GOSTAR DE CONVERSAR, FAZER PERGUNTAS, ENTRAR NO MUNDO DAQUELA PESSOA QUE ESTÁ NA SUA FRENTE NO MOMENTO.

Nos anos 1990, no Brasil, era tamanha a rivalidade entre as duas empresas que seria impossível pensar nelas juntas, debaixo do mesmo guarda-chuva. Uma revolução que me faz pensar em como posso ser revolucionário também, em como surpreender e impactar o mercado. Você por acaso já parou para pensar nisso? Em como você pode fazer a diferença na sua área de atuação?

Diria que essa é uma boa reflexão para começar e para saber em que direção seguir. Já com essa base, é preciso ter disciplina, medir os resultados e recalcular a rota o tempo todo; assim como faz o aplicativo Waze, por exemplo, que aponta os caminhos mais rápidos para os motoristas em meio ao trânsito.

Não podemos abrir mão de nosso GPS pessoal, de ter objetivos e saber para onde vamos. Ninguém cresce de outro modo. Esta é uma reflexão apontada pelo presidente da RE/MAX Brasil, Peixoto Accyoli, em seu livro *Excelência para obstinados*.[3] Segundo ele, pesquisas apontam que, se temos como meta a realização de dois ou três objetivos, conseguimos dar conta do recado.

O problema é que muitas vezes temos em mente entre quatro e dez objetivos simultaneamente, e é muito provável que só consigamos cumprir um ou dois deles. Portanto, sem foco, planejamento e rumo não vamos a lugar nenhum.

SEM LIMITES

No entanto, nada disso adianta se você não for capaz de observar o mundo com olhos que vejam além do senso comum, se não

---

3 ACCYOLI, Peixoto. *Excelência para obstinados*: pague o preço: Assuma a responsabilidade pelo seu sucesso. São Paulo: Gente, 2019.

mudar seu modo de pensar. Neste ponto, indico a leitura de *Poder sem limites*,[4] de Tony Robbins. Ele proporciona um mergulho no entendimento de como nossas emoções impactam nossas atitudes e, claro, nossos resultados em todas as esferas da vida.

Para Robbins, uma boa dica para deixar o marasmo de lado é seguir as pessoas certas, se inspirar em quem realmente pode nos ajudar a crescer. Um caminho de prosperidade que ele já compartilhou com celebridades, como a apresentadora de TV estadunidense Oprah Winfrey e o ex-presidente dos Estados Unidos Bill Clinton, para citar apenas duas celebridades.

Para ele, profissionais que atingem a excelência seguem uma fórmula de sucesso que envolve:

- Saber o que se quer da vida e agir para chegar lá;
- Analisar o tempo todo os resultados ao longo do processo e mudar o que não está indo bem, redefinindo as próprias estratégias.

De acordo com o autor, verdadeira referência mundial nas áreas de desenvolvimento pessoal e programação neurolinguística, as pessoas bem-sucedidas e felizes com suas escolhas são aquelas que trabalham com paixão, estratégia, energia e domínio da comunicação. Tudo isso tendo como base valores sólidos e respeito às próprias crenças.

E tem mais: o que diferencia uma pessoa de sucesso daquelas que não saem do lugar é a capacidade de controlar o corpo, a mente e as emoções em quaisquer circunstâncias. Vale muito a

---

4 ROBBINS, Tony. *Poder sem limites*: a nova ciência do sucesso pessoal. Rio de Janeiro: Best Seller, 2017.

pena fazer esse mergulho profundo dentro de si. Eu fiz, faço todos os dias e nunca vou deixar de fazer.

O BOM VENDEDOR

Ao refletir sobre suas escolhas e sobre qual é seu propósito como vendedor, muitas portas se abrirão. Tenha em mente que é preciso ir além do básico, conhecer bem o que você vende, ter boa comunicação e manter uma boa relação com os clientes. Um conselho adicional: você deve ter um propósito genuíno. Guie-se por ele, atenda seus clientes da melhor maneira possível e apenas espere – sua hora vai chegar.

Sempre chega. Afinal de contas, se estamos determinados, a vida nos leva para lá, para cá, faz, desfaz, ergue e derruba, mas, no final, sempre nos torna mais fortes. Seja ligado a uma marca consolidada e conhecida mundialmente como a RE/MAX, seja empreendendo por conta própria, partirá de você a energia para brilhar ou permanecer na média, no lugar comum. Conte com minha torcida. Se você está com este livro em mãos, só posso acreditar em sua vontade de evoluir.

Sucesso!

REFLEXÕES PARA DAR O PRÓXIMO PASSO

Responda às provocações a seguir para construir o seu plano de ação.

Qual é o seu grande objetivo de vida?
_____
_____
_____

Qual dor das pessoas seu produto/serviço resolve?
_____
_____
_____

Qual tem sido o seu principal desafio para ter resultados?
_____
_____
_____

Três abordagens novas que você pode testar
_____
_____
_____

Thiago Medeiros é master franqueado da RE/MAX no Rio Grande do Sul e tem um objetivo claro na carreira: ser reconhecido como o profissional que transformou o mercado imobiliário gaúcho. São pelo menos vinte anos de atuação na área, período no qual foi diversos prêmios como corretor – inclusive um Volvo XC60 no lançamento do Complexo da Arena do Grêmio.

CAPÍTULO 2

O PROFISSIONALISMO É SEU ALIADO: TRABALHE PARA CHEGAR LÁ

POR WILLIANS BRAGA

Profissionalismo, para mim, sempre foi sinônimo de dedicação. É um estilo de vida, um estado de comprometimento e inquietude muito positivo, uma busca constante pelo novo, pelo avanço. E você, sente que tem conseguido se dedicar o suficiente para ter um desempenho melhor? Talvez sua primeira resposta seja "claro que sim", mas às vezes nossas ações estão tão automatizadas que paramos de enxergar outras possibilidades para fazer melhor ou com menos desgaste.

Eu sempre soube que só poderia vencer por meio do meu trabalho, do meu próprio esforço e se tivesse muito orgulho do que faço. Minha trajetória começou oficialmente aos 22 anos, quando decidi abrir meu primeiro negócio, uma franquia de games com espaço para os clientes jogarem. Digo oficialmente porque antes disso já havia acumulado muitos anos de experiência em atividades variadas, apesar da pouca idade.

Já havia trabalhado na mercearia do meu pai, vendido cachorro-quente no Carnaval e bebida pelas ruas do bairro em que morávamos, Bangu, no Rio de Janeiro. Mas, para essa minha empreitada em 1982, aproveitei um espaço de apenas 30 metros quadrados cedido pela minha família, no bairro em que morávamos e trabalhávamos à época, Vila Kennedy. Enxerguei ali uma oportunidade de negócio.

Considero que comecei bem, uma vez que ficava com 30% da receita, os outros 70% eram da franqueadora Taito do Brasil, que assumia a manutenção dos equipamentos. Para mim, à época, era excelente, pois cobria as despesas da operação e dali tirava meu lucro. Tanto é que, seis meses após abrir o fliperama, me casei. Após dois anos de trabalho surgiu a oportunidade de comprar as máquinas que usava, embora eu tivesse que assumir o custo da

CAPÍTULO 2

manutenção, inclusive tendo que aprender a consertá-las eu ficava com a receita integral . As coisas melhoraram e abrimos, minha esposa e eu, uma pequena sorveteria.

Foi o início de uma vida empreendedora sempre pautada pelo profissionalismo. É essa a minha marca pessoal de vendedor, aquela que quero compartilhar com você neste capítulo.

Após os dois primeiros negócios, vendidos posteriormente, minha esposa e eu abrimos um bar e, depois, uma padaria. Também adquiri participação na empresa da minha família. A mercearia do meu pai, que antes era um comércio muito pequeno do bairro, se transformou no Supermercado Braga, que existe até hoje com seis unidades e mais de seiscentos colaboradores.

Em paralelo a tudo isso, cheguei a me matricular nos cursos de Biologia, Agronomia e Direito. Apesar de não ter concluído nenhum deles, avalio que ter tido contato com diversas áreas de conhecimento me ajudou muito a ter uma visão mais sistêmica de tudo e me ensinou a transitar por diferentes ambientes, sempre me comunicando muito bem. E está aqui uma das habilidades essenciais para todo e qualquer vendedor: ser capaz de circular com facilidade por todos os meios. Essa disposição para trabalhar, atender bem e se movimentar por mundos variados faz parte do profissionalismo necessário a quem trabalha com vendas. São habilidades que sempre busquei e que você também pode desenvolver.

No dicionário, o principal significado de profissionalismo[5] é atributo de profissional. Mas como ser um profissional melhor

---

[5] Profissionalismo. *In*: MICHAELIS – Dicionário Brasileiro da Língua Portuguesa. São Paulo: Melhoramentos, 2021. Disponível em: http://michaelis.uol.com.br/busca?r=0&f=0&t=0&palavra=profissionalismo. Acesso em: 17 jul. 2021.

E ESTÁ AQUI UMA DAS HABILIDADES ESSENCIAIS PARA TODO E QUALQUER VENDEDOR: SER CAPAZ DE CIRCULAR COM FACILIDADE POR TODOS OS MEIOS.

em sua empresa, em seu segmento, no mercado em que você está inserido?

Com base em minha experiência, compartilho alguns passos que vão ajudar você a consolidar sua carreira de forma consistente: Se você é empregado, respeite as políticas da empresa, a marca e as suas condutas.[6] Caso não esteja satisfeito com a maneira como as coisas funcionam, é melhor mudar de trabalho. Também é importante ser organizado, pontual, confiável e estar disponível para ajudar os outros. Evite fofocas e tenha uma atitude positiva diante dos desafios.

Reforço ainda a importância de cuidar da postura e estabelecer contato visual com as pessoas – mesmo que a interação seja virtual. Demonstrar credibilidade e ser o melhor ouvinte para seus clientes faz muita diferença. Mais do que interessadas em produtos e serviços, as pessoas procuram soluções para seus problemas, saídas que você somente será capaz de apresentar depois de entender exatamente do que aquela pessoa sentada à sua frente realmente precisa.

Especialista em recrutamento, a coach estadunidense Judy LaDeur é presença constante nos treinamentos e nas convenções da RE/MAX. Referência mundial na área e especialista em mercado imobiliário, ela costuma dizer que os vendedores devem ouvir mais e falar menos. Segundo Judy, simplesmente despejar informações nos consumidores é algo irritante e inútil.[7]

Corretora de imóveis no passado, ela conta que sempre gostou de vender e que, mesmo com o mercado em crise, conseguia

---

6 SHARE, Jacob. 11 Ways to Be Professional at Work. *Live Career*, 2021. Disponível em: https://www.livecareer.com/resources/careers/planning/professionalism. Acesso em: 17 jul. 2021.

7 The Art of Pre-selling Webinar on Demand. *Judy LaDeur International*, 26 out. 2018. Disponível em: https://judyladeurinternational.com/the-art-of-pre-selling-webinar-on-demand/. Acesso em: 17 jul. 2021.

fechar negócio com nove entre dez compradores. Qual era seu segredo? Enquanto a maioria dos corretores leva os clientes para visitarem várias casas durante vários finais de semana, ela optava por uma conversa inicial de duas ou três horas com a pessoa até saber tudo sobre seus gostos, suas necessidades e seus sonhos.

Depois, fazia uma avaliação com trinta ou quarenta propriedades até oferecer um produto certeiro, adequado ao perfil de seu cliente. Para ela, era como um jogo, um desafio que ela amava vencer e quase sempre vencia.

A história da Judy é inspiradora e nos mostra que, quanto mais preparado você está para a abordagem com o cliente, melhor será sua condução da venda. Assim, você terá mais chances de se conectar com o cliente e construir fidelidade do que se tiver de **convencê-lo** de que seu produto é bom. A personalização da oferta derruba inúmeras barreiras. Então, procure você também o seu caminho para desenvolver uma abordagem única. Garanto que são altas as probabilidades de tudo dar certo, de você ser reconhecido como um campeão de vendas. Está em suas mãos escolher entre a superação e a mesmice.

Outro craque que defende a busca pelo conhecimento para fazer vendas melhores é o português Paulo de Vilhena, consultor e especialista em aceleração de empresas. Em *O livro secreto das vendas*,[8] ele explica em detalhes a diferença entre os departamentos comerciais bem-sucedidos e aqueles que não vendem nada. De acordo com Vilhena, a distinção entre eles está justamente na qualidade da informação levantada a respeito do mercado e dos clientes.

Outra dica do especialista narrada no livro envolve três condições para estabelecer uma ligação genuína com os consumidores.

---

8 VILHENA, Paulo de. *O livro secreto das vendas*: mapa mental dos supercomerciais desvendado. Lisboa: Sabedoria Alternativa, 2010.

São elas: *rapport*, que é a pura e simples empatia; a calibragem ou o ato de prestar atenção ao modo de se comunicar do interlocutor e responder do mesmo modo; e a observação mais apurada do estilo de comunicação de quem está diante de você.

Ainda, segundo ele, os principais estilos observados são: visual, auditivo, cinestésico e digital. Os visuais são aqueles que valorizam boas apresentações, material gráfico de alta qualidade, fotos profissionais dos produtos oferecidos, cartões de visita impecáveis. Pelo sim, pelo não, é sempre bom ter toda essa parte visual caprichada, independentemente do estilo do seu cliente.

Já os auditivos são aqueles que, mais do que a média, gostam de falar. Portanto, permita que eles se expressem, ouça todas as histórias que ele ou ela trouxer para você, seja o melhor ouvinte que puder ser. Com certeza isso contará inúmeros pontos para o fechamento de um negócio.

Os cinestésicos, aqueles que literalmente gostam de tocar em tudo, de sentir as coisas, vão querer ser recebidos em sua empresa em um ambiente de conforto (tenha, no mínimo, poltronas e cadeiras macias, bonitas) e experimentar os produtos que estão interessados em comprar: seja um chocolate, seja uma casa na qual vão desejar entrar, sentar na varanda e assim por diante.

Por fim, os digitais são detalhistas, aqueles que apreciam dados, números, estatísticas a respeito de bens ou serviços. Para uma comunicação eficiente com eles, o ideal é levantar o máximo de informações ligadas ao negócio. Depoimentos de outros compradores também são importantes para as pessoas com esse perfil.

Se pararmos para pensar, mais do que a observação do estilo de cada um, vale a pena priorizar os pontos valorizados por todos. É fundamental, sim, ter uma apresentação visual incrível, saber ouvir,

DEMONSTRAR CREDIBILIDADE E SER O MELHOR OUVINTE PARA SEUS CLIENTES FAZ MUITA DIFERENÇA.

ter um escritório confortável e reunir o maior número possível de dados a respeito daquilo que você está vendendo.

Não custa lembrar: para chegar lá e se destacar perante a concorrência, é preciso ter um bom planejamento e buscar formas de ser influente e persuasivo. Essa é uma boa reflexão para que você comece a pensar em como se organizar para mergulhar nos mundos de seus clientes, estar pronto para atender às demandas daqueles que o procuram.

OPTE PELA CREDIBILIDADE

Atualmente, sou master franqueado regional da RE/MAX com outros três sócios na zona sul, centro do Rio de Janeiro, e em outros 91 municípios do estado. Também atuamos em quatrocentos municípios paulistas, como Bauru, Guarulhos, São José do Rio Preto e Sorocaba.

Uma história realmente vencedora que começou quando meus atuais sócios me procuraram querendo abrir uma imobiliária. Naquela ocasião eu já havia comprado um imóvel com a RE/MAX e recomendei a franquia da marca. Quatro meses depois, éramos franqueados.

Foi uma opção pela credibilidade e pela sólida experiência da marca em vendas. Quando entrei para a RE/MAX, já estava com a vida organizada e queria apenas ser um investidor do negócio, sem colocar a mão na massa.

É claro que minha alma de vendedor falou mais alto e eu me envolvi completamente. Gosto particularmente da área de expansão, por meio da qual conheço pessoas novas com muita vontade de evoluir. Crescemos todos juntos, adoro identificar novos talentos. Tenho orgulho dessa minha habilidade de me cercar de pessoas competentes. Mas aqui aproveito para falar sobre a liderança pelo exemplo. Passar pela experiência como cliente e, depois, como um dos gestores da empresa apenas reforçou como um negócio deve ser construído em bases sólidas, assim como aqueles que realizam o trabalho na ponta não podem perder de vista seu poder de ajudar as pessoas. É preciso ter prazer nisso. Para mim é uma satisfação enorme ajudar os outros a realizarem seus sonhos, isso me realiza. E você, se sente assim também?

Essa sensação pessoal se reflete muito no livro *Como fazer amigos e influenciar pessoas*,[9] de Dale Carnegie (1888-1955). Escrita em 1936, a publicação defende, em linhas gerais, que, para se relacionar bem com os outros, cada um de nós deve se colocar no lugar de seu interlocutor. Somente assim podemos evitar críticas, julgamentos, condenações. Por meio dessa base são construídas relações sólidas, com respeito e confiança. A partir daí, o autor recomenda dicas para chegar a esse patamar de entendimento com o outro, como não reclamar, não criticar, procurar sorrir e lembrar-se do nome das pessoas.

Outra observação preciosa trazida pelo livro está ligada ao fato de que somos feitos de emoção, não sendo guiados pela lógica na maior parte das vezes. Por isso, é preciso ter cuidado com as críticas. Elogios, por outro lado, podem aproximar as pessoas. Mas desde que sejam verdadeiros, afinal, bajular os outros é agir com falsidade e todo mundo percebe a mentira.

---

9 CARNEGIE, Dale. *Como fazer amigos e influenciar pessoas*. Rio de Janeiro: Sextante, 2019.

Gosto particularmente quando o autor ressalta pontos como a necessidade de ser um bom ouvinte e, em uma conversa, deixar que o outro também fale de si mesmo. Ninguém aguenta gente que apenas quer falar de suas coisas e sobre si, isso é muito chato. Ainda mais se for um vendedor. Você está lá para servir, nunca se esqueça disso.

Seu brilho de homem ou mulher de negócios está justamente na habilidade em fazer o outro se sentir importante, compreendido, atendido em suas demandas. Coloque todo o seu profissionalismo à disposição daqueles que o procuraram, que querem comprar o que você tem para vender.

Não economize tempo nem ouvidos para escutar com atenção. Esteja disponível, esteja inteiro. Com décadas de estrada, posso garantir que a recompensa, lá na frente, é boa. Portanto, esteja preparado para as oportunidades e aceite o novo.

REFLEXÕES PARA DAR O PRÓXIMO PASSO

Responda às provocações a seguir para construir seu plano de ação.

Como você pode implementar mudanças em seu método de apresentação para os clientes, pensando em ter mais recursos que ajudem a conexão com os diversos tipos de comunicação?
_____
_____
_____
_____

Quais são as principais lacunas do seu processo de pré-atendimento?
_____
_____
_____
_____

Como você pode trazer ainda mais profissionalismo para seu dia a dia?
_____
_____
_____
_____

Willians Braga já estudou de tudo: biologia, agronomia, direito... mas foi no campo dos negócios que se encontrou. Como sempre trabalhou com vendas, para o mercado imobiliário foi um pulo. Hoje, como master franqueado regional da RE/MAX, auxilia na implementação de unidades no estado do Rio de Janeiro e se sente realizado por ajudar corretores a atingirem seus objetivos.

CAPÍTULO 3

DESENVOLVA SUA AUTORIDADE

POR EDINALDO RODRIGUES

Você já notou como algumas pessoas nos inspiram e nos motivam? Pais, parentes próximos, colegas, influenciadores ou até celebridades. Isso acontece porque elas são reconhecidas como autoridade em determinada área e eu acredito que, para qualquer profissional, desenvolver a autoridade é a melhor maneira de ser bem-sucedido.

Eu, por exemplo, nunca me esqueci da expressão firme e segura do meu tio Pedro Tomé, fazendeiro pernambucano de 102 anos, morador de Caruaru. Ele foi, para mim, o maior exemplo de autoridade que alguém poderia ter. Tive a sorte de tê-lo perto de mim e de entender com ele a importância de respeitar os mais velhos e a hierarquia, estar sempre pronto para ouvir e aprender. Passei a vida atento às suas histórias.

Em 2010, quando entrei na RE/MAX, meu tio foi o grande modelo que inspirou meu comportamento – e trabalhei duro para ser respeitado. É sobre isso que nós vamos refletir nas próximas páginas. Se você nunca parou para avaliar esse assunto, pense um pouco agora: você tem autoridade? É considerado um profissional de valor em sua área? Seus colegas e clientes o respeitam? Vamos em frente, em busca de respostas.

Em primeiro lugar, o caminho para que um vendedor se destaque em sua área passa pela dedicação, disciplina, profissionalismo, qualidade de seus relacionamentos e habilidade de ter bons contatos. Isso, evidentemente, se houver objetivos de carreira bem definidos.

Se não sabe aonde quer chegar, essas características perdem o potencial. Eu sempre soube: queria e quero ser respeitado pela força do meu trabalho, pelos resultados que apresento para a empresa, pela minha capacidade e seriedade com a qual me dedico aos objetivos. Um homem valoroso e digno de confiança, exatamente como o tio Pedro Tomé.

Foi dessa maneira que me tornei diretor regional de São Paulo-SP na RE/MAX no Brasil, sendo responsável pela gestão de vendas de novas franquias na cidade de São Paulo e em todos os outros estados do país. Assim, cuido da área e ajudo os master franqueados regionais.

Entrei na empresa em julho de 2010 como assistente comercial. Um ano depois, me tornei consultor de Expansão. Com dois anos e meio de empresa, fui promovido a coordenador. Em 2014, fui nomeado gerente de Expansão, área que passei a dirigir em 2016, mas somente no estado de São Paulo. Por fim, em janeiro de 2019, assumi o comando nacional do departamento.

Meus destaques no período foram as vendas de franquias. Como resultado do meu esforço, foram assinados aproximadamente 250 contratos entre franquias e masters franquias regionais.

Há quatro anos seguidos estou no Top 5 de vendas de franquias da RE/MAX mundial. Em 2017, fiquei em primeiro lugar no ranking. Em 2018, em quarto, chegando à terceira posição em 2019 e à segunda em 2020. Esse é um reconhecimento feito anualmente na convenção da empresa em Las Vegas, nos Estados Unidos.

Cheguei lá trabalhando muito e mantendo o foco. Para mim, é tão claro que ser franqueado da RE/MAX é a melhor decisão empresarial da vida que meus potenciais clientes passam a acreditar nisso também. E você, acredita no que faz? Vê qualidades e vantagens nos produtos e serviços que vende? Se não vê, caia fora! E trate de vender aquilo que, para você, de fato tem valor.

Com base nessa crença, nessa confiança, é possível começar a pensar em outros pontos. Vamos a eles.

ACREDITO QUE, PARA QUALQUER PROFISSIONAL, DESENVOLVER A AUTORIDADE É A MELHOR MANEIRA DE SER BEM-SUCEDIDO.

PESSOAS, PAIXÃO, PACIÊNCIA E PERSISTÊNCIA

Em 2017, após participar de um treinamento com o vice-presidente de Desenvolvimento Global da RE/MAX, Jan Repa, tive contato com essas bases, que passaram a me nortear, e tomei para mim, para minha trajetória, os quatro Ps citados por Repa: pessoas, paixão, paciência e persistência.

Começando pelo primeiro P, é preciso ter boas relações e estar cercado das pessoas certas, aquelas que têm talento e nas quais a gente confia. Para mim, é importante ter a noção de pertencimento a uma empresa, serviço ou projeto aliada à vontade de crescer juntos.

E é por meio de pessoas que a paixão, a paciência e a persistência farão sentido. Pois, para chegar ao resultado que buscamos, a gente erra muito, perde, desanima, se questiona. Haja insistência e vontade para não desistir. Não desista você também.

Aqui compartilho uma história pessoal, uma prova de fogo bem no início da minha história na RE/MAX. Estava há três dias no novo trabalho quando uma secretária veio até minha mesa e disse que eu precisava fazer uma apresentação da nossa franquia, do nosso modelo de negócios para um potencial franqueado. A missão seria tocada por outro executivo, mas ele havia tido um contratempo.

Sem conhecer muito bem a operação e com medo de perder a venda, tive a brilhante ideia de pedir ajuda ao presidente da empresa na época, Renato Teixeira. Ouvi que deveria voltar para minha sala e fazer a apresentação, com o aviso de que ele me daria três oportunidades de errar, aquela e mais duas. Se errasse uma quarta vez, voltaríamos a conversar.

A reunião não foi bem-sucedida e perdi a venda, obviamente. Afinal, faltava prática e experiência. Mas aprendi muito com aquela situação, ter liberdade e autonomia para construir a abordagem com o cliente me fortaleceu. Pude organizar a apresentação tal como acreditava que seria ideal, senti quanto a empresa confiava em mim e, por ter que criar meu próprio teste, estava muito atento para perceber os pontos em que o cliente se desconectou de minha apresentação. Com base nessa primeira experiência, trabalhei muito para corrigir os pontos de falha. Foi um incentivo e tanto para meu crescimento profissional, pois isso me deu senso de urgência para melhorar minha performance.

Minha persistência para ter uma abordagem que mostrasse o quanto eu acreditava no negócio que estava oferecendo também me conectou à importância do sucesso de meus franqueados. Se eles prosperam, eu prospero e minha autoridade se constrói naturalmente. Não por uma imposição, mas pelo exemplo.

SETE VIAGENS PARA BOTUCATU

E eu gosto de ressaltar que não é porque você tem paixão pelo que faz ou por já ter alguns resultados que as negociações serão fáceis. O ponto é realmente perceber seu papel e sua responsabilidade ao lado de seus parceiros.

Tenho uma história que ilustra bem o que quero dizer. Para fechar uma franquia em Botucatu, a 237 quilômetros de São Paulo, foram sete idas à cidade. A última reunião, com a decisão de fechar conosco, foi em um dia de jogo do Brasil na Copa do Mundo de futebol de 2014. Louco para ver a seleção enfrentar o México naquele dia, não podia parar para assistir ao jogo. E não parei, mas valeu muito a pena: aquela unidade é uma referência para a rede até hoje.

Há ainda casos de interessados que, antes de ingressar, não queriam mudar seus modelos de negócios. Uma das histórias que mais gosto de lembrar é de uma franqueada que dizia querer manter sua loja de roupas femininas no mesmo local da sede da franquia. Naquele espaço, ela também fazia questão de ter poucos corretores trabalhando. Foi uma negociação tensa, mas ela e seu sócio decidiram se unir a nós. Hoje aquela unidade está entre uma das melhores da rede em todo o mundo.

Já tivemos situações de empreendedores que nos procuraram para conhecer e se inspirar em nosso jeito de trabalhar, mas que acabaram entrando para o grupo. Atualmente, um deles tem cinco lojas próprias e mais de trinta franquias em sua master franquia regional.

São histórias de superação que me enchem de orgulho e que me levaram ao ponto em que me encontro hoje. Não precisei inventar a roda para ter sucesso em todas essas ocasiões. Apenas trabalhei duro e com convicção. Quando falo sobre você desenvolver sua autoridade, é sobre isso: dedicar-se para aprender e avançar todos os dias, ouvir quem chegou e estar aberto aos caminhos que podem levá-lo para uma posição de responsabilidade, mas muita gratificação se estiver alinhada a seus objetivos. O que me leva ao próximo tópico: tenha metas!

TENHA METAS

Desenvolver uma cultura de bater metas é outro cuidado que eu sempre tive. As metas o incentivam a superar, a buscar o próximo passo. É claro que, nessa abordagem, é importante alinhar seu perfil

NÃO PRECISEI INVENTAR A RODA PARA TER SUCESSO EM TODAS ESSAS OCASIÕES. APENAS TRABALHEI DURO E COM CONVICÇÃO.

ao modelo de metas e se organizar nesse sentido. Elabore metas mensais, anuais, o que achar mais prático e viável. E vá em frente.

Ouvi certa vez, nem me lembro exatamente onde, que cada "não" que você recebe é sinal de que vem um "sim" pela frente. Acredito nisso, sou resiliente e faço de tudo para não me deixar abater pelas perdas, pelos erros. Ter bons modelos a seguir ajuda.

Quem são os seus pensadores prediletos? Que livros você lê? Tem feito bons cursos na sua área? Segue personalidades de sucesso nas redes sociais? Organize-se para isso e tenha as melhores referências que você puder ter – até que também se transformará em referência para outras pessoas.

A seguir, compartilho algumas das referências que me ajudam muito a lidar com os desafios do dia a dia profissional.

COMO CHEGAR AO SIM

Uma das bases do meu trabalho é a negociação. Por isso, acompanho os conteúdos de especialistas como o antropólogo estadunidense William Ury, cofundador do Projeto de Negociação da Universidade Harvard, nos Estados Unidos.

No livro *Como chegar ao sim: Como negociar acordos sem fazer concessões*,[10] escrito em parceria com Roger Fisher e Bruce Patton, ele defende a ideia de que uma boa negociação é aquela na qual todos saem ganhando, e apresenta suas estratégias para isso.

Uma dessas saídas destaca o fato de que os negociadores devem se posicionar como "solucionadores de problemas", e não

---

10 FISHER, Roger; URY, William; PATTON, Bruce. *Como chegar ao sim:* Como negociar acordos sem fazer concessões. Rio de Janeiro: Sextante, 2018.

como adversários. Por isso mesmo, um acordo sensato, eficiente e amistoso é sempre a melhor opção. Daí a importância de pensar conjuntamente em múltiplas opções de soluções e estar aberto a escutar o outro. Para Ury, o segredo é ser gentil com as pessoas e ter critérios que vão além de suas vontades pessoais.

Não é perfeita essa lógica para o trabalho dos vendedores? O que ganhamos se só negociarmos pensando naquilo que é melhor para nós mesmos? Um cliente insatisfeito é como um inimigo. Simplesmente não vale a pena. Não é isso que você busca com seu trabalho. Muito melhor trabalhar pelo consenso, o que você pode conseguir de forma gradual, com dedicação e técnica.

Ler e fazer formações especializadas em negociação lhe trará resultados surpreendentes!

Também me inspiro muito no clássico de Napoleon Hill (1883-1970), *As 16 leis do sucesso*.[11] No livro, o autor resume suas descobertas a respeito da prosperidade dos maiores líderes de seu tempo, o século passado, e deixa lições preciosas para empreendedores de todas as épocas.

Não à toa, a primeira lei apontada é ter um propósito na vida. Impossível vencer sem saber aonde se quer chegar. Mais uma vez: tenha metas.

Meu propósito de vida, por exemplo, é escrever minha história, deixar um legado e ser lembrado por ter transformado o mercado imobiliário. Quero ajudar muitas pessoas a serem bem-sucedidas com o modelo de negócio da RE/MAX.

A segunda lei também merece ser destacada: a mente mestra. Trata-se da influência que recebemos das pessoas com as quais nos associamos. Já ouviu falar daquela lógica de que somos a média

---

11 HILL, Napoleon. *As 16 leis do sucesso*. Barueri: Faro Editorial, 2017.

CAPÍTULO 3

daqueles com os quais mais convivemos? Por isso é fundamental estar cercado de gente talentosa, comprometida, otimista e que goste de trabalhar. Esteja ao lado dos bons.

FAÇA ACONTECER

Para ajudar a organizar as ideias e colocar essas reflexões em prática, recomendo a leitura de *A arte de fazer acontecer*,[12] de David Allen. Conhecido pelas pesquisas sobre produtividade, o autor propõe todo um método de organização pessoal.

Allen destaca práticas como a reavaliação constante das metas, o controle da ansiedade e da sobrecarga de trabalho, a aceitação de que algumas coisas simplesmente vão ficar para depois e a atuação com mais eficiência em atividades do cotidiano, como limpar a caixa de e-mails.

No meu caso, ajudou bastante ter esses conceitos em mente. Boa sorte em seu planejamento aí também.

SAIA DA TOCA

Vejo muita gente ter receio de falar sobre si mesmo, gostar de dizer que não sabe fazer marketing pessoal, como se esse medo de se expor fosse uma virtude. Pois eu lhe digo: saia da toca, deixe que os outros conheçam você, saibam o que você faz e como busca se diferenciar da concorrência.

---

12 ALLEN, David. *A arte de fazer acontecer*. Rio de Janeiro: Sextante, 2016.

Vivemos em plena era digital, é muito fácil produzir conteúdo. Então por que você, que se dedica tanto ao que faz e tem muito a dizer, deve se calar?

Tenha um site, escreva artigos, abra uma conta nas redes sociais. Grave vídeos, por que não? Conte boas histórias, compartilhe vivências que possam inspirar outras pessoas. Tudo isso ajuda a construir autoridade – desde que, claro, você tenha o que oferecer. Mentiras não são admitidas sob hipótese alguma, ainda mais em um meio tão amplo e aberto como a internet.

Cuide de sua carreira, trabalhe com vontade, acredite naquilo que faz. Seja uma autoridade em sua área e nunca estabeleça limites para seu crescimento. O mundo é seu, conte com minha torcida.

REFLEXÕES PARA DAR O PRÓXIMO PASSO

Responda às provocações a seguir para construir o plano de ação.

Quais são as metas norteadoras que o ajudarão a desenvolver mais autoridade nos próximos doze meses?
_____
_____
_____
_____

Quais pessoas próximas a você podem ensiná-lo sobre temas específicos que o ajudarão a ter melhores resultados?
_____
_____
_____

Estabeleça um ritual diário, mesmo que de quinze minutos, para se dedicar a melhorar suas abordagens comerciais.
_____
_____
_____
_____

Publicitário, e com MBA em Marketing em Vendas pela FGV, **Edinaldo Rodrigues** toma proveito de sua formação para se destacar no setor que abraçou: o mercado imobiliário. Diretor regional da RE/MAX, ficou entre os top 5 em vendas de franquias por quatro anos consecutivos e, em 2017, foi o número 1.

É FUNDAMENTAL ESTAR CERCADO DE GENTE TALENTOSA, COMPROMETIDA, OTIMISTA E QUE GOSTE DE TRABALHAR. ESTEJA AO LADO DOS BONS.

CAPÍTULO 4

FAÇA VOCÊ MESMO: FIQUE ATENTO À SUA GESTÃO PESSOAL

POR REMO GRANATA JR.

Muito se fala em gestão de equipes, recursos, empresas e tempo. Menos comum, no entanto, é o debate sobre nossa gestão pessoal, sobre como podemos cuidar de nós mesmos, ser melhores do que somos. A excelência, a prestação do melhor serviço e a realização só chegam quando, de verdade, olhamos para nós mesmos. É este o meu convite para você neste capítulo: façamos, juntos, um mergulho individual com foco no comprometimento, no resultado, na ação e na assertividade. O saldo disso tudo há de ser um salto rumo ao time daqueles que são capazes de vencer e são à prova de crise.

Hoje, ao fazer um balanço da minha história, me dou conta de que construí uma trajetória sólida com vendas porque sempre procurei me diferenciar, inovar. Eu geri minha carreira. Você tem esse cuidado? Trabalha com planejamento, metas, foco no aperfeiçoamento constante? É muito importante pensar nisso para assumir, de fato, o comando de seu caminho.

É uma verdadeira ironia da vida, mas, quando eu era criança, não via a profissão de corretor de imóveis com bons olhos. Todos os dias, ao voltar da escola para casa, passava na frente de uma imobiliária e via alguns desses profissionais ociosos, sentados em uma mureta, contando piadas ou fumando, com o jornal na mão.

Para piorar essa impressão, lembro-me de uma corretora que em nada ajudou meus pais quando eles decidiram vender nossa casa. Minha mãe me fez arrumar meu quarto para causar boa impressão aos compradores, ela estava toda animada, mas nunca teve retorno daquela visita. A corretora simplesmente desapareceu. Nunca me esqueci disso e guardei comigo a visão de que o trabalho desses profissionais poderia e deveria ser diferente. Hoje vejo que pode ter sido exatamente ali o início da minha vontade de trabalhar na área.

CAPÍTULO 4

Nessas idas e vindas, me mudei de São Paulo, onde nasci, para Vinhedo, a 90 quilômetros da capital, em 1999. Tinha 22 anos e, veja você, resolvi fundar minha imobiliária, a Remo Imóveis. Era uma oportunidade: uma família próxima a nós precisava de alguém para administrar seus imóveis, ajudar a organizar tudo, cuidar dos aluguéis.

Estava no final da faculdade de Propaganda e Marketing e até consegui convencer um grupo de amigos a usar minha empresa como tema para nosso trabalho de conclusão de curso. O projeto consistia em apresentar um modelo de imobiliária ideal. O resultado? Fomos todos aprovados, nossa ideia convenceu os professores. Dali por diante, nunca mais deixaria de trabalhar na área.

Ao me formar, eu já tinha alguns poucos corretores associados a minha agência. Eu queria ser diferente e criava sempre boas estratégias e um marketing diferenciado mas logo vi que a concorrência sempre estava atenta para copiar. Aprendi que ser copiado na verdade era o maior elogio que eu podia receber! A minha vontade de crescer era tanta que abri duas filiais em cidades próximas (Valinhos e Jundaí). Eu estava muito confiante mas logo percebi que para gerir 3 imobiliárias era necessário além de padrões e processos ter um modelo de negócios realmente capaz de prestar melhores serviços aos clientes e também fidelizar e reter os melhores profissionais. Tentei muitas formas para conseguir isso mas nada parecia funcionar e preferi fechar as duas menos de três anos depois, voltando a me concentrar na unidade de Vinhedo. A experiência trouxe lições valiosas e deixou como legado a vontade de trabalhar em rede, o que faço hoje com a RE/MAX.

Estar ligado a uma marca forte e reconhecida assim foi o melhor caminho possível para minha trajetória de empreendedor na área. Sempre acreditei na força da rede para o setor, na união de forças (e não é assim em todos os mercados?). Era com essa escolha que eu sabia que ia me destacar. Minha gestão pessoal foi me levando para essa direção.

Apesar de a primeira experiência de trabalho em rede não ter sido duradoura, ainda acreditava nesse modelo – e o conceito ficou ainda mais forte para mim em 2004, quando fui convidado para assistir a uma apresentação de empresários que estavam criando redes imobiliárias. Naquela noite, nem consegui dormir.

Alguns meses depois, convenci nove concorrentes a se unirem como parceiros. Em vez de trabalharmos os mesmos imóveis em uma concorrência desordenada, nós nos organizamos para vender imóveis exclusivos em parceria, compartilhando negócios. No início tudo estava indo bem, mas faltou resiliência para alguns empresários que acharam mais fácil seguir seus próprios caminhos. A rede se dissolveu após apenas um ano. Novamente, fiquei muito frustrado por ter deixado de focar na minha empresa pelo benefício de um grupo onde todos poderiam ganham mais com parcerias recorrentes, mas que ao final prevaleceu o antigo ideal do "cada um por si". Minha equipe me criticou muito pois éramos líderes na cidade e eles viram que eu compartilhei muitas estratégias e ferramentas que havíamos criado ao longo dos anos para um ideal maior mas acabei somente por fortalecer os concorrentes.

Segui em frente, pois não havia o que fazer e eu não sou de ficar me lamentando. Com muito empenho, consegui fazer minha empresa voltar a crescer a ponto de tentarmos, pela segunda vez, uma filial na mesma cidade vizinha que havíamos falhado: Valinhos. Dessa vez eu achava que tinha tomado todos os cuidados que não tomei na tentativa anterior, mas novamente, após dois anos,

CAPÍTULO 4

não conseguíamos fidelizar e reter corretores e pela segunda vez eu estava fechando mais uma filial.

Mesmo que não fosse real, eu via um ar de deboche no rosto de todos ao meu redor. Me senti o pior empresário do ramo. Fiquei frustrado, mas, passada a tristeza, coloquei na cabeça que merecia vencer nem que fosse pela insistência. E, como sou um empreendedor de ação, usei toda a maturidade que aquela derrota me trouxe para pensar em novas possibilidades.

Foi quando comecei a pensar em trabalhar com franquias. Encomendei um estudo a respeito do assunto em 2015 e cheguei à conclusão de que minha empresa era franqueável, sim. Fui fazer a lição de casa e pesquisei sobre as franquias já existentes no mercado. Ao conhecer a RE/MAX mais a fundo, fui tomado de um entusiasmo que me fez, novamente, não conseguir dormir à noite. Vislumbrei um futuro promissor para esse modelo de negócio em nossa região, um formato testado e aprovado em mais de 110 países, baseado nos mesmos princípios e valores que já faziam parte de mim. Enfim, encontrei meu caminho.

De dono de uma imobiliária com trinta pessoas me tornei um master franqueado regional que após cinco anos lidera e participa de uma regional com mais de 1.300 agentes em oitenta franquias até o momento. Tive que estudar muito participando de inúmeros cursos, treinamentos e convenções no Brasil e EUA. Ao invés de me preocupar somente em ajudar agentes corretores agora eu precisava expandir diariamente ajudando donos de imobiliárias a ajudarem os seus próprios agentes.

Com as mudanças tive que ser mais resiliente, focado e comprometido do que jamais havia sido. Firmei um compromisso pessoal com a busca contínua pela excelência. Decidi que iria procurar ser

MANTENHA O FOCO NOS RESULTADOS, NO SENSO DE URGÊNCIA, NA BUSCA PELA ASSERTIVIDADE E PELA EXCELÊNCIA.

um profissional e uma pessoa melhor estudando e aplicando os melhores conhecimentos e práticas todos os dias da minha vida.

Não abandonei a minha imobiliária original, a qual triplicou de tamanho. Novas oportunidades surgiram e hoje também participo como sócio de sete imobiliárias RE/MAX.

Hoje consigo ter clareza de que todos os meus erros foram passos importantes para que eu chegasse ao ponto em que me encontro. Mais do que não desistir, foi a ação que me permitiu virar o jogo.

PAGUE O PREÇO

Um profissional que não busca melhorar sua gestão pessoal diariamente não consegue impactar seus clientes de forma significativa. O mundo muda a cada minuto e somente aqueles que se propõem a evoluir de verdade conseguirão agregar valor ao seu trabalho e oferecer diferenciais aos seus clientes.

Pague o preço da evolução, da dedicação, do estudo e da insistência naquilo que você acredita ser o melhor para sua carreira, para sua vida. Mantenha o foco nos resultados, com um grande senso de urgência, na busca pela assertividade e pela excelência. Tenha disciplina, constância, produtividade, ética, comprometimento, resiliência, foco.

Não deixe para depois o que pode ser feito agora. Tente prever as consequências de suas escolhas, mas não desista. Decisões definem destinos e em nenhuma delas haverá somente pontos positivos. Quando se faz uma opção para ganhar, também se escolhe o que se vai perder. Apenas avalie o que vale a pena, o que realmente faz total sentido para você.

PROCESSOS

A vontade de trabalhar com vendas e o entendimento de que a carreira era o que eu queria para mim surgiram em minha vida antes mesmo da minha primeira imobiliária. Descobri que eu gostava de vender quando recebi meu primeiro cheque de comissão como vendedor autônomo de planos de saúde, aos 17 anos. Decidi ali que queria ter meu próprio negócio, que esse era meu objetivo profissional.

Por isso a opção de estudar Propaganda e Marketing na faculdade. Me apaixonei pela área entendendo que vender é a consequência natural de uma série de processos bem definidos e o marketing serviria sempre como facilitador para gerar os melhores resultados.

Nessa linha, gosto de dizer aos meus corretores que eles devem fazer o que a tecnologia não é capaz de oferecer. Servir é a chave. Estamos falando aqui de **atenção**, **real interesse**, **gentileza**, **compreensão**, **empatia**. É isso que agrega valor ao nosso trabalho, é o que fica na cabeça dos clientes. É preciso ouvir, conhecer as pessoas, oferecer os produtos mais adequados a cada necessidade. **Ninguém esquece um bom atendimento**!

E essa mentalidade, claro, pode ser aplicada a todas as áreas. Assim como o corretor que ajudou a família a morar na casa dos sonhos, também ficará na memória para sempre a vendedora que ajudou a noiva indecisa a escolher o vestido, o atendente da agência de viagens que indicou aquele hotel bom e barato perto da Torre Eiffel em Paris, o funcionário da loja de brinquedos que reservou o boneco do desenho animado favorito de seu filho às vésperas do Dia das Crianças.

Não importa o que você vende, que produtos e serviços você tem listados em seu computador, preocupe-se apenas em entender para atender com gentileza e boa vontade. Após compreender o que realmente o cliente está buscando, ofereça aquilo que for mais adequado às suas necessidades, seja um craque nisso. Sempre atenda como o melhor vendedor do mundo faria. Não desista do seu plano, daquilo que considera mais próximo de sua verdade, de seu jeito de fazer as coisas. Quebre a cara algumas vezes, como eu quebrei, mas descubra os caminhos para chegar lá – eles hão de aparecer.

PESSOAS ALTAMENTE EFICAZES

Em minha jornada pessoal pelo desenvolvimento dessa minha vontade de cuidar da minha gestão pessoal, sempre procurei investir em autoconhecimento. Recomendo isso sempre, pois todo bom profissional tem de ter conteúdo, estar bem informado, saber conversar com as pessoas, surpreender.

Em *Os sete hábitos das pessoas altamente eficazes*,[13] Stephen R. Covey destaca práticas com as quais me identifico muito. Esses hábitos são divididos em dois grupos: os da vitória particular e os da vitória pública.

Os hábitos da vitória particular são: seja proativo, comece a fazer algo com um objetivo em mente e faça primeiro o mais importante. Já os da vitória pública são: pense ganha-ganha, procure primeiro compreender para depois ser compreendido, crie sinergia e afine o instrumento (nunca deixe de se aprimorar, de melhorar suas práticas).

Percebe o quanto Covey convida seus leitores à ação? E à tomada de responsabilidade? A meu ver, aqueles que prosperam são

---

13 COVEY, Stephen R. *Os sete hábitos das pessoas altamente eficazes*: lições poderosas para a transformação pessoal. Rio de Janeiro: Best Seller, 2015.

DECISÕES DEFINEM DESTINOS E EM NENHUMA DELAS HAVERÁ SOMENTE PONTOS POSITIVOS.

exatamente assim: assumem as rédeas do próprio crescimento. Com a maturidade pessoal e profissional, nós nos damos conta de que não podemos mudar ninguém, apenas a nós mesmos. E que isso já é muita coisa: o que mais tem por aí é gente que passa a vida inteira sem pensar nisso, sem qualquer esforço em nome do autoconhecimento.

Se o assunto é esforço, gosto de ter sempre bons exemplos nos quais me inspirar, isso me estimula a ir mais longe. Um deles é o do empresário Carlos Wizard Martins, fundador da rede Wizard de ensino de idiomas. Em *Do zero ao milhão*,[14] ele conta como criou uma empresa grande por meio das aulas de inglês que dava na sala de casa, pois não tinha recursos para alugar um local específico para isso. Para ele, a crença no negócio e a vontade de crescer eram tão grandes que, um ano após abrir a escola, ele incorporou a marca Wizard ao seu nome civil, passando a assinar dessa forma. Não consigo imaginar engajamento maior.

Para o empresário, são três as características essenciais para as empresas terem sucesso: ter um produto ou serviço melhor do que o do seu concorrente, oferecer um produto ou serviço que ajude o cliente a ganhar tempo e cobrar um preço justo.

Se pararmos para pensar, é uma boa base para começar a trabalhar. Como você já sabe, sempre bati na tecla da inovação, mas isso está incluso no cuidado de ter um produto ou serviço melhor que o da concorrência, não é verdade?

Cuide de sua gestão pessoal, do modo como você age. Só não deixe de agir. Fico na torcida para que seu caminho seja de trabalho, insistência, sucesso e prosperidade.

---

14 MARTINS, Carlos Wizard. *Do zero ao milhão:* como transformar seu sonho em um negócio milionário. São Paulo: Buzz, 2017.

REFLEXÕES PARA DAR O PRÓXIMO PASSO

Responda às provocações a seguir para construir seu plano de ação.

Que ações você tem adiado e poderiam acelerar seu crescimento profissional?

_____
_____
_____
_____

Pensando na gestão pessoal que tem exercido nos últimos meses, quais pontos de melhoria você enxerga?

_____
_____
_____
_____

Para aumentar o potencial de seu negócio, você identifica parcerias estratégicas que poderiam ser ativadas?

_____
_____
_____
_____

Multiempreendedor e coach, **Remo Granata** é especialista em ajudar profissionais a prosperarem no ramo imobiliário. É master franqueado da RE/MAX no estado de São Paulo e CEO da RE/MAX Rede Pro, que, com sete unidades e duzentos colaboradores, é a que mais vendeu imóveis na empresa por quatro anos consecutivos. Por tudo isso, já recebeu diversos prêmios, nacionais e internacionais.

CAPÍTULO 5

O CAMINHO DAQUELES QUE FAZEM A DIFERENÇA

POR CACÁ ZAMBARDINO

Era um edifício com apartamentos muito bons, mas não tinha velocidade de vendas. Foi quando o dono da construtora, uma das maiores do Mato Grosso, onde moro e trabalho, me procurou para conversar. Na hora, disse a ele que aquele projeto ia deslanchar sim, e dei a ideia de oferecer as unidades com as cozinhas planejadas inclusas. Fizemos a apresentação da campanha na RE/MAX. Ao final do evento, ele me chamou de lado e disse: "Cacá, se você conseguir vender cinco imóveis, pode escolher um prêmio". Respondi que, se não atingisse a meta, ele poderia reduzir minha comissão pela metade. O resultado: comercializamos 99% daquele empreendimento.

Hoje temos os projetos dessa construtora em primeira mão. Nós nos reunimos com os arquitetos deles para dar nossa opinião e falar sobre o mercado, uma parceria importante para nós.

Gosto dessa história porque ela resume bem os conceitos que quero destacar neste capítulo: como fazer a diferença e ser resiliente, como crescer assumindo uma postura protagonista e investindo nos relacionamentos, e como usar a inteligência a seu favor.

No mercado, os melhores vendedores são aqueles que descobrem o ambiente planejado que pode destravar qualquer cenário adverso. Você, por acaso, tem descoberto os seus? Ou melhor: tem pensado que parte de seu trabalho é justamente buscar isso, esse olhar aberto diante das possibilidades?

Acredito que a habilidade que me fez ter bons resultados ao longo da minha carreira foi a capacidade de me relacionar. O compromisso com meus clientes me ajudou a construir laços além da transação comercial. E sempre foi muito claro em minha visão

CAPÍTULO 5

que a venda realizada por mim deve gerar um benefício de longo prazo para quem faz as aquisições que recomendo.

O PODER DO NÃO

Certa vez, um cliente estava prestes a adquirir um apartamento no valor de 5 milhões de reais. Em dado momento, me perguntou o que eu achava daquela decisão. Expliquei que, honestamente, no lugar dele, não fecharia a compra. Ele era solteiro, podia alugar um imóvel, seria uma opção bem mais prática. O resultado? Ganhei aquele comprador para sempre. Um homem que sabe que me preocupo com o dinheiro dele mais do que com minha comissão. Não estou focado no meu lucro momentâneo, mas nas possibilidades que parcerias consistentes podem me render ao longo da vida.

Foi quando entendi, de uma vez por todas, o poder do "não". Fale a verdade, seja sincero, você há de ganhar muito mais. Infelizmente, esse modo de pensar é raro entre muitos profissionais e organizações. Pense em seu senso de responsabilidade com o outro como um diferencial.

Em *O poder do não positivo*,[15] o especialista em negociação William Ury mostra como organizar as emoções para aprender justamente a se negar a fazer alguma coisa, a discordar, a defender aquilo que é importante para você.

Dessa forma, o não positivo pode mudar nossas vidas porque abre espaço para o sim que realmente vale a pena para nós e que está de acordo com nossas necessidades, crenças e prioridades.

---

15 URY, William. *O poder do não positivo*: como dizer não e ainda chegar ao sim. Rio de Janeiro: Elsevier, 2007.

O COMPROMISSO COM MEUS CLIENTES ME AJUDOU A CONSTRUIR LAÇOS ALÉM DA TRANSAÇÃO COMERCIAL.

Tenha certeza de que trabalhar com transparência, muita conversa e compromisso gera ótimos negócios. Certa vez, um advogado comprou um terreno comigo na principal rodovia de Rondonópolis (MT), onde fica a sede de nossa empresa. Uma transação de 2 milhões de reais. Ele me dizia que aquela era a aquisição da sua vida. Foi quando apareceu para mim uma área maior, que custava 4 milhões de reais, oferecida por uma construtora que estava à procura de um parceiro. Expliquei em detalhes a oferta, pontuando o bom retorno que ele teria por aquela escolha. Ele ficou temeroso e declinou. No dia seguinte, às 6 horas, me mandou uma mensagem dizendo que fecharia negócio. Até hoje sei que está muito feliz com o resultado.

RELACIONAMENTOS FORTES O LEVAM MAIS LONGE

Em nossa empresa, meus dois sócios e eu trabalhamos unicamente como corretores. Temos uma equipe encarregada de toda a parte administrativa, cabendo a nós unicamente ir a campo, atender os clientes, conversar com representantes das maiores empresas do mercado, pensar em estratégias de vendas. Confiamos em nosso staff e aceitamos os caminhos que esse time nos apresenta. Participamos todos das macrodecisões a serem tomadas, mas as determinações diárias, cotidianas, não passam por nós.

Exatamente por isso, pela dedicação exclusiva à corretagem, fui o corretor da RE/MAX que mais ganhou comissões no Brasil em 2018 e 2019. Também entrei para o chamado Hall da Fama mundial da empresa, tendo batido a marca de mais de 1 milhão de dólares de comissão anual nos últimos dois anos. No país, fui o primeiro a receber esse título.

Minha história na RE/MAX, que se iniciou em dezembro de 2017, tem como base o escritório em Trieto. Já tivemos duas regionais e uma franquia, mas hoje nos concentramos no escritório que iniciou tudo porque um dos sócios, por olhares diferentes do negócio, saiu e seguiu sozinho, assim ficando Epaminondas Junior e eu.

Uma trajetória que teve como principal inspiração o tino para os negócios do meu pai, Nicola Zambardino. Ele era um grande empreendedor, veio cedo de São Paulo para o Mato Grosso para trabalhar com pecuária. Depois voltou para São Paulo, onde teve uma loja de carros e um restaurante.

Muito ético e honesto, conseguiu tudo pela habilidade em conduzir as empresas e, claro, investir nos relacionamentos. Tinha um coração enorme, era generoso. Infelizmente já não está entre nós, mas me influencia até hoje.

Quando digo cuidar dos relacionamentos, quero dizer ser genuíno e ter uma rotina de contato com os clientes que não seja estritamente quando vai vender algo. Em nossa empresa, por exemplo, gostamos de organizar jantares ou encontros informais para estar com nossos clientes e apresentá-los uns aos outros. Esses encontros não são sobre negócios, mas neles fechamos ótimas parcerias e vendas em um fluxo natural, com oportunidades que surgem das próprias conversas.

SEJA PROTAGONISTA DAS SOLUÇÕES

Se tem uma coisa que combato em qualquer que seja o ambiente é o vitimismo. O comportamento de quem não assume seus

CAPÍTULO 5

erros e dá desculpas para o fracasso. Na RE/MAX temos até um lema informal para isso: "tire a bunda da cadeira e vá trabalhar".

Para mim, esse comportamento indica uma carência de senso de responsabilidade. É o típico exemplo da criança que não olha por onde vai, bate a cabeça na quina da mesa e espera ouvir a mãe dizer que "a mesa é malvada", como se o pequeno ou a pequena não fosse responsável pelo acidente.

Pois o vitimista é exatamente assim: envelhece dizendo que a vida é malvada. Recomendo você economizar o tempo que perderia com isso olhando atentamente para o que deu errado em sua carreira e refletindo sobre como pode fazer diferente na próxima oportunidade. A responsabilidade é sempre nossa, afinal. Não desperdice energia procurando culpados, não faz sentido algum. Lembre-se do lema da RE/MAX sobre isso e siga em frente, pois você pode, sim, ocupar um lugar de protagonismo na mesa dos negócios.

Ninguém suporta um profissional com ar derrotado, com semblante pesado. Gente assim não convence os clientes, o time, os parceiros. Não caia nessa armadilha. Melhor focar no protagonismo, em assumir o comando da própria carreira, da própria vida. Existe em inglês uma expressão muito usada pelos estudiosos do trabalho chamado *accountability*.[16] O termo significa agir com responsabilidade, autonomia e coragem, sendo protagonista da própria história.

Essa característica é cada vez mais valorizada pelas empresas, que agora entendem o quanto podem perder tendo colaboradores

---

16 Você age como um protagonista no trabalho? *Você S/A,* 17 dez. 2019. Disponível em: https://vocesa.abril.com.br/podcast/voce-age-como-um-protagonista-no-trabalho/. Acesso em: 19 jul. 2021.

TENHA CERTEZA DE QUE TRABALHAR COM TRANSPARÊNCIA, MUITA CONVERSA E COMPROMISSO GERA ÓTIMOS NEGÓCIOS.

que não saem do lugar, que perdem tempo reclamando da economia, do mercado, da pandemia.

Em vez de procurar culpados pelo resultado que alcançou, avalie o que está em seu controle para melhorar. Pense quanto você domina o processo que quer desempenhar, quão engajado está com as necessidades do seu cliente e se, de fato, seu produto ou serviço estão se destacando diante dos concorrentes.

NOVOS CAMINHOS

Se estamos falando de ação, de atitude, um dos empreendedores brasileiros que mais me inspira é Abílio Diniz. Em seu livro *Novos caminhos, novas escolhas*,[17] ele faz uma avaliação de sua saída do Grupo Pão de Açúcar e explica como superou aquele momento de crise profissional.

Ele conta que, depois de tantas mudanças, fez profundas reavaliações pessoais, mas sem abandonar seus valores. Para Diniz, todos nós somos aquilo que escolhemos ser, devendo buscar sempre os desafios, a superação.

Outro ponto da obra que me marcou foi a reflexão de que o sucesso no trabalho vem com o autoconhecimento, a felicidade, o equilíbrio e a realização pessoal. A gente precisa estar bem para alcançar a prosperidade, nisso eu acredito. Não teria chegado aonde cheguei se não tivesse paixão pelo que faço, se não gostasse de gente, de me relacionar, de circular. E você, ama o que faz? Sente que seu trabalho pode fazer a diferença na vida das pessoas?

---

17 DINIZ, Abílio. *Novos caminhos, novas escolhas*: gestão, liderança, motivação, equilíbrio, longevidade e fé. Rio de Janeiro: Objetiva, 2016.

Espero sinceramente que, se não sente hoje, você possa ter um dia essa sensação.

VENDER É HUMANO

Acima de tudo, caro leitor, lembre-se do título do livro do pesquisador de negócios e comportamento humano Daniel Pink, *Vender é humano*.[18] Para o autor, somos todos vendedores e vivemos lutando para convencer os outros a comprar nossos produtos, ideias, modos de pensar. A partir daí, ele usa seus conhecimentos de Ciências Sociais para nos ensinar técnicas de como agir de forma mais atenciosa e persuasiva.

O especialista dá dicas práticas de como procurar se colocar em sintonia com o cliente e fugir do clichê do vendedor extrovertido. Pink cita pesquisas que mostram como ser extrovertido demais até atrapalha as vendas. Os sociáveis demais, aqueles que gostam de chamar a atenção, não costumam parar para ouvir seus clientes com verdadeira atenção, estão mais preocupados com os próprios pontos de vista.

Assim, os profissionais de vendas mais bem-sucedidos são aqueles que ficam no meio termo entre o introvertido e o extrovertido. São os que melhor sabem ouvir, os que realmente entram em sintonia com os compradores.

Ser simples e direto é outra dica fundamental do livro. Apresente cenários, projeções, faça comparações que ajudem os consumidores a entender os benefícios de cada aquisição.

---

18 PINK, Daniel H. *Vender é humano*: a surpreendente verdade sobre a arte da persuasão. Rio de Janeiro: Sextante, 2019.

REDUZA AS OPÇÕES

Quer mais? Reduza as opções. Um estudo citado por Pink apontou que diminuir de 24 para 6 as possibilidades de compra resultou em vendas dez vezes maiores. Isso porque é a clareza que ajuda as pessoas a tomar suas decisões. Para um corretor, por exemplo, em vez de visitar cinco imóveis com aquele casal que o procurou na semana passada, mostre apenas dois que tenham muitas chances de agradar, e assim por diante.

Converse muito com seus clientes, identifique seus problemas, apresente soluções. Deixe sua marca pessoal em cada venda. Com tanto empenho, ninguém há de esquecer do valor de seu trabalho. Ninguém há de esquecer de você.

Apenas vá lá e faça seu melhor. Com isso, tenha certeza de que muito sucesso espera por você na linha de chegada, acredite.

REFLEXÕES PARA DAR O PRÓXIMO PASSO

Responda às provocações a seguir para construir seu plano de ação.

Faça uma análise de seus relacionamentos profissionais: você tem uma rede sólida de parceiros?
_____
_____
_____
_____

Como está a frequência com a qual se relaciona com seus clientes? Você tem um processo estruturado para manter-se presente na memória deles?
_____
_____
_____
_____

Quais melhorias você pode fazer em sua rotina profissional para valorizar os relacionamentos?
_____
_____
_____
_____

Formado em Direito, **Carlos Zambardino** encontrou sua vocação no mercado imobiliário, no qual atua há mais de vinte e cinco anos. Broker da RE/MAX Trieto, no Mato Grosso, também se destaca como corretor empreendedor – foi o número 1 da empresa no Brasil em 2018 e 2019. O segredo: atender da melhor forma possível todos os clientes.

CAPÍTULO 6

INSPIRAÇÕES PARA CRESCER E TER SUCESSO

POR PEDRO FONSECA

Todos nos inspiramos em alguém, porém existem pessoas que são capazes de nos levar além do imaginado. Portanto, eu pergunto: quais são suas grandes referências profissionais?

Estou na RE/MAX desde outubro de 1999. Passados vinte anos, quase não me recordo da minha vida antes da empresa. É uma história da qual me orgulho e que logo vou começar a contar aqui. Sinto que avancei em minha carreira porque sempre investi em pontos essenciais como dedicação, autenticidade, honestidade, humildade e alegria em servir. Nada disso, entretanto, teria sido útil se, lá trás, eu não tivesse escolhido um caminho para seguir, se não tivesse um norte e algumas boas inspirações.

Nasci em Lisboa, Portugal, em uma família de classe média que, para mim, era e é até hoje espetacular. Sou filho de um médico e uma professora, Ricardo e Maria Luisa. Meu pai, por exemplo, sempre me inspirou, principalmente pela sua boa vontade em servir os outros, em ajudar. Tenho dois irmãos e fui casado duas vezes: sou pai de cinco filhos.

Lembro-me de crescer vendo meu pai, ginecologista e obstetra, sair de casa a qualquer hora ou dia para fazer os partos de suas pacientes. Ele sempre ia feliz, mesmo que isso significasse perder comemorações ou momentos importantes em família. Para ele, é um motivo de orgulho ajudar a trazer novas vidas ao mundo. Ele simplesmente ia lá e fazia o que precisava ser feito com muito carinho e acolhimento. Ver meu pai saindo para trabalhar tão disposto e voltar tão realizado me marcou muito. É assim até hoje: ele segue atendendo, mesmo com mais de 70 anos.

Com um exemplo desses, me sinto muito jovem aos 49 anos, enquanto escrevo este capítulo. Sou apaixonado pelo que faço e meu propósito é ajudar empresários a desenvolver seus negócios, a concretizar seus sonhos. Propósito este que realizo como CEO do Grupo Latina ao lado dos aproximadamente seiscentos profissionais atuando em nossas unidades.

Tudo começou quando entrei na RE/MAX Portugal. Era funcionário na unidade regional, meu cargo era o de diretor de Expansão. A empresa estava começando a operação na Europa. Por três anos consecutivos, nessa época, fui o número um em vendas de franquias da marca. Assim, nós nos tornamos líderes no mercado imobiliário em Portugal. Em 2003, nasceu a RE/MAX Latina, que mais tarde se tornaria o Grupo Latina. Virei empresário, mas sem perder minha essência de vendedor.

Decidi abrir minha própria franquia pela vontade de arriscar, de fazer do meu jeito aquilo que não considerava que estava sendo realizado da melhor forma. Acreditava, como acredito até hoje, que, pelo exemplo, chegaríamos mais longe. Se alguém mostrasse um caminho seguro, poderíamos todos triunfar. De lá para cá, todos os anos fomos campeões de vendas na RE/MAX em Portugal, na Europa, no mundo.

Quando digo que é importante ter alguém que nos mostre um caminho seguro é para reforçar a importância da inspiração nessa nossa conversa. Se hoje posso inspirar os outros, é porque, um dia, tive ótimos nomes nos quais me inspirei.

AQUELES NOS QUAIS ME INSPIRO

Além do doutor Ricardo, meu pai, tenho como guias outros nomes não menos relevantes. O Peixoto Accyoli, presidente da RE/MAX Brasil, é uma referência forte para mim pelo sentido de

DECIDI ABRIR MINHA PRÓPRIA FRANQUIA PELA VONTADE DE ARRISCAR, DE FAZER DO MEU JEITO AQUILO QUE NÃO CONSIDERAVA QUE ESTAVA SENDO REALIZADO DA MELHOR FORMA.

missão, pela obstinação em fazer da empresa uma marca sempre em movimento.

Outro nome que eu não posso deixar de citar é o de Manuel Alvarez, que me abriu as portas da RE/MAX, me contratando para trabalhar na empresa. Com ele, aprendi a ter estratégia e disciplina.

Dave Liniger, cofundador da RE/MAX, também foi da maior relevância em minha formação como vendedor e empreendedor. Ele trouxe uma visão inovadora de remuneração com máxima comissão para atrair os melhores corretores, ajudando a consolidar a rede como uma referência mundial de sucesso no mercado imobiliário.

Completo minha lista com Nelson Mandela. Ex-presidente da África do Sul, foi líder do movimento contra o *apartheid*, o regime que segregava a população negra em seu país. Ficou vinte e sete anos preso e deixou para o mundo uma mensagem de liberdade e justiça. Como prezo muito pelas duas coisas, tenho em Mandela um modelo. Se você não sabe muito a respeito da vida desse homem, procure saber. Acredite, há muito o que aprender com ele.

Para crescer, todos precisamos de referências, balizas e exemplos. Familiares, professores, amigos e colegas. As trajetórias dos outros são capazes de nos ajudar a construir as nossas. Agradeço por todos os livros, vídeos, palestras. Pela ajuda que tive de terceiros, sem a qual nunca teria chegado aonde cheguei. Tenho andado sempre nos ombros de tantos inspiradores.

Como forma de gratidão, tento, com meu exemplo, ajudar a servir os outros à minha volta.

NO DIA A DIA

No cotidiano, para se manter motivado e permanentemente em busca de inspiração, recomendo que você tenha uma visão clara de sua missão.

E digo mais: competir consigo mesmo para avançar a cada dia também é um exercício de motivação interessante. Busque se superar, melhorar seus "tempos", suas marcas, como se estivesse em uma corrida.

Leia todos os dias, escolha bem os amigos com quem se relaciona, cuide de sua saúde, participe de bons eventos, busque treinamentos constantes. E, acima de tudo, busque a paz interior, a força que existe dentro de si.

Muitas vezes procuramos do lado de fora as respostas quando, na verdade, temos a chave de tudo dentro de nós. A chave e o acesso a recursos gigantes que podemos descobrir com fé, humildade, religião, meditação, o que você quiser. Tenha boas intenções e a vida se encarrega do resto, de trazer aquilo que é melhor para você.

SUPERAÇÃO

Com essa base, consegui avançar mesmo nos momentos mais desafiadores. O próprio lançamento da RE/MAX em Portugal, no ano 2000, foi um desafio. Fomos em frente contra tudo e contra todos, em meio a uma crise no mercado. Foi horrível. Mas superamos.

A recompensa veio em 2001, quando recebi meu primeiro prêmio de número um de vendas de franquias na RE/MAX, na convenção mundial da empresa, em Las Vegas, nos Estados Unidos.

Lembro de cor as palavras ditas na cerimônia de premiação. Guardo na memória os sons, as luzes, a satisfação que senti, o orgulho por nunca ter desistido. Tudo foi muito especial.

Para que você possa entender o tamanho da minha felicidade naquele momento, conto que, em 1999, quando Manuel Alvarez e eu começamos a trabalhar para abrir a RE/MAX Portugal, o país vivia uma das maiores crises imobiliárias da história. Como eu não vinha do setor, não tinha noção do que se passava. Ainda bem! Se soubesse como estavam as coisas, talvez nem tivesse escolhido trabalhar na área. Era preciso ser um bocado louco para lançar uma imobiliária no meio de tamanha adversidade.

Em 1999, entraram em vigor novas regras para o crédito imobiliário em Portugal.[19] Foram alterações com impacto desastroso no setor, o que incluiu a extinção de determinado tipo de crédito, o chamado bonificado, o mais comum no país. As vendas caíram tanto que menos da metade das corretoras de imóveis de Portugal sobreviveram.

Mesmo nesse cenário de terrível turbulência, a RE/MAX portuguesa se tornou líder no setor em seu primeiro ano de vida. Em três anos, já éramos a maior operação da rede na Europa. Nessa linha de crescimento, a RE/MAX Latina foi criada em 2003.

Gosto de contar como no final dos anos 1990 a situação era tão grave que, quando comprei minha casa em 1998, tinha de marcar as reuniões com as imobiliárias e o construtor pela manhã. Isso porque, depois do almoço, já estavam todos "com um copo a mais", bebendo para esquecer um pouco daquele caos.

---

19 CRISES? *Pedro Fonseca*, [S.l., s. d.]. Disponível em: https://pedrofonseca.net/crises. Acesso em: 19 jul. 2021.

COMPETIR CONSIGO MESMO PARA AVANÇAR A CADA DIA TAMBÉM É UM EXERCÍCIO DE MOTIVAÇÃO INTERESSANTE. BUSQUE SE SUPERAR, MELHORAR SEUS "TEMPOS", SUAS MARCAS, COMO SE ESTIVESSE EM UMA CORRIDA.

Mas como crescer em um contexto desses? Digo que a crise limpou o lixo todo. Esse é o lado bom da borrasca, que é como chamamos as ventanias seguidas de temporal: limpa os maus profissionais e abre caminho para os bons.

A RE/MAX era um projeto novo, com muitas ideias arrojadas: o imóvel exclusivo, o serviço personalizado, um novo modo de remunerar os corretores. Depois da arrancada, a RE/MAX Latina cresceu de forma exponencial pelos anos seguintes. Conseguimos nos firmar pelas nossas inovações e pelo nosso comprometimento com os clientes, pela seriedade com a qual sempre trabalhamos. Fizemos a diferença.

COM O VENTO CONTRA

A crise econômica mundial de 2008[20] nos pegou distraídos. Veio mais um colapso financeiro e a Europa foi rapidamente atingida. A RE/MAX Latina teve uma queda de 50% em sua operação. Nossos custos fixos eram altos, quase fomos à falência. Apesar disso, dez anos depois, em 2019, fechamos o ano com um faturamento de cerca de 15 milhões de euros.

De onde veio esse segundo crescimento? Do fato de termos reinventado nosso negócio. Soubemos aproveitar as oportunidades que surgiram depois, como o crescimento exponencial do turismo e a criação de vistos para que estrangeiros viessem morar em Portugal, gerando uma demanda para novos residentes.

---

20 AFP. Há dez anos, crise financeira de 2008 arrasava a economia mundial. *Exame*, 14 set. 2018. Disponível em: https://exame.com/economia/ha-10-anos-crise-financeira-de-2008-arrasava-a-economia-mundial/. Acesso em: 19 jul. 2021.

Dez anos depois da primeira crise, temos uma nova, agora causada pela pandemia de covid-19, o que reforça o padrão cíclico do sistema. Do futuro, ninguém sabe. Só sei que é nos momentos de grande adversidade que aqueles com um projeto inovador de fato podem crescer. Os aviões levantam voo com o vento contra. Em 2000 e em 2010, todos os *players* imobiliários navegavam no mesmo mar, no meio da mesma tempestade, na mesma economia. No centro da tormenta, alguns desapareceram, outros ficaram onde estavam e outros avançaram.

O resultado não vem da adversidade, mas da nossa atitude perante a incerteza. Depende da nossa capacidade de aprender, de fazer ajustes. Posso ter de reestruturar o negócio, usar novas metodologias, arranjar uma forma criativa de vender. Posso ter de reorganizar minha vida pessoal, ter de me reinventar.

O impacto que a crise atual vai ter em minha vida depende da resposta que eu der a esse desafio. Se vou reagir culpando a conjuntura ou responder de forma cuidadosa, com inteligência emocional, reformulando a empresa.

Esta crise também vai passar. E os resultados que eu vou ter em 2030 sou eu quem decido, hoje.

O MAIOR VENDEDOR DO MUNDO

Este capítulo não estaria completo se eu não compartilhasse com você um livro essencial, no qual me inspira muito. Trata-se de *O maior vendedor do mundo*,[21] de Og Mandino.

---

21 MANDINO, Og. *O maior vendedor do mundo*: o livro que poderá mudar a sua vida. Rio de Janeiro: Record, 1978.

CAPÍTULO 6

Na obra, publicada pela primeira vez em 1968, o autor compartilha segredos para alcançar a riqueza e ser um bom vendedor que qualquer pessoa pode tomar para si. São reflexões e princípios, acima de tudo, para a vida.

Entre esses pontos estão ter gestos de amor e persistir até o sucesso. Para Mandino, os prêmios estão ao fim de cada jornada, por isso devemos nos sentir sempre dando um novo passo de uma maratona. Você não vai saber quantos passos mais serão necessários, mas mesmo assim não deve desistir.

Gosto também da dica de ser único e de se desenvolver o tempo todo, valorizando aquilo que temos de diferente. Não se contentar com o que você já conquistou é outra premissa por ele citada na qual acredito. O autor destaca ainda o viver cada dia como se fosse o último e aprender a rir de si. Com humor, nossos problemas parecem menores.

Não é um modo bonito de ver nosso crescimento pessoal? Ler esse livro me fez pensar em muitas coisas. Recomendo.

SIGAMOS JUNTOS

E assim a vida segue, em movimento. Em busca da evolução. Tenho orgulho de ter crescido e ajudado outras pessoas a crescer. Isso me enche de felicidade.

Não sou um super-herói, mas um homem que acredita estarmos aqui para servir os outros. Essa é minha história. Qual é a sua?

Todos temos momentos na vida que abrem caminho para os anos que se seguem. As histórias que contamos aos nossos amigos, aos nossos clientes e aos nossos filhos servem de inspiração para nossas próprias narrativas e fortalecem nossa própria trajetória, nos dão força.

Não podemos mudar determinados fatos, é impossível controlar tudo. Temos sempre, porém, a chance de mudar nosso modo de lidar com os desafios, com os problemas.

Por isso, a pergunta que deixo é: como você está contando sua história?

Seja como for, desejo-lhe muita sorte e espero que você escreva lindas páginas em sua trajetória profissional.

REFLEXÕES PARA DAR O PRÓXIMO PASSO

Responda às provocações a seguir para construir seu plano de ação.

Como você tem inspirado as pessoas ao seu redor?
_____
_____
_____

Você tem tido uma resposta positiva para as crises que se apresentam?
_____
_____
_____

Qual é a característica única que você possui e precisa valorizar mais?
_____
_____
_____
_____

Empresário e sonhador, **Pedro Fonseca** é apaixonado pela profissão e tem mais de vinte anos de experiência no mercado imobiliário. Master regional da RE/MAX Minas Gerais, Rio de Janeiro e São Paulo, é também broker do Grupo RE/MAX Latina, de Portugal, com treze franquias, cerca de 16 milhões de euros, e mais de setecentos corretores empreendedores. Prêmios? São muitos. Tanto nacionais como internacionais.

CAPÍTULO 7

AS PESSOAS IMPORTAM!

POR YVES NAVARRO

Vamos falar a verdade: você ama estar com outras pessoas? Realmente se importa com seus clientes, com suas histórias de vida? Sente-se realizado ao servir os outros? Torço para que a resposta seja "sim". Do contrário, sugiro que você repense seus objetivos profissionais. Nem sei o que pensar de alguém que quer ter resultados extraordinários e não gosta de gente, não se sente motivado a trabalhar com perseverança e fé para atender o outro da melhor forma possível. Nas próximas páginas, vamos pensar com calma a respeito de tudo isso. Vamos em frente.

Sempre trabalhei com construção civil, como engenheiro de algumas construtoras. Mas tinha dentro de mim a vontade de ser empresário e poder tomar decisões que dependessem apenas de mim. Em 2009, quando fui mandado embora da empresa em que trabalhava, decidi que havia chegado o momento de empreender.

Foi quando um primo me falou sobre a RE/MAX e me convidou para ir a uma apresentação da marca. Identifiquei-me com a empresa e, em 2010, passei a integrar o time de franqueados. Atualmente, sou diretor regional da rede no Paraná, responsável pela expansão das operações na região do Paraná Leste. Desde minha atuação como corretor, até aqui, com certeza aprendi muito. A empresa se tornou uma extensão da minha família e acredito que assim deve ser quando estamos em um ambiente que nos estimula a ir mais longe. Afinal, é no trabalho onde passamos a maior parte do nosso tempo e convívio.

Gosto de lidar com pessoas e essa é uma das bases da construção da minha carreira. É a característica que me ajudou a lidar com situações como dificuldades financeiras para honrar os pagamentos que tinha, falhas na gestão dos funcionários e falta de acolhimento comigo mesmo.

No início da minha operação na RE/MAX, não tinha a mínima ideia do que seria empreender no mercado imobiliário. Na minha cabeça, era só sobre vender imóveis. Com o tempo, fui descobrindo que o coração daquele negócio estava nas pessoas, não nas casas, nos apartamentos e nos terrenos que estavam disponíveis para vender ou alugar.

Fui, eu mesmo, trabalhar como corretor, em uma tentativa de equilibrar as contas. Fiquei preocupado: nunca tinha vendido uma propriedade na vida.

Para piorar: meu processo de recrutamento era péssimo, eu não sabia fazer a avaliação e o acompanhamento do time. Assim, quanto mais cometia erros na seleção e gestão dos meus colaboradores, mais endividado ficava.

NA COZINHA, COM A LUZ APAGADA

Em certo momento, por conta desses problemas com dinheiro, decidi desligar todos os seis corretores da minha agência, tornando-me o único. Estava muito preocupado: agora tinha de dar certo, não havia outra possibilidade.

Lembro-me de chegar em casa, certa noite, por volta das 20h30, e parar na cozinha para chorar. Apaguei a luz e deixei as lágrimas correrem soltas. Sentia-me desesperado em meio a tantas contas pendentes, temia pelo meu futuro e pelo da minha família.

Aquele momento de tristeza, no entanto, me acalmou. Quando me senti melhor, recuperei as forças e decidi seguir em frente com meu negócio. Eu não tinha alternativa a não ser retomar a confiança. Já no dia seguinte, então, com as mangas

A EMPRESA SE TORNOU UMA EXTENSÃO DA MINHA FAMÍLIA E ACREDITO QUE ASSIM DEVE SER QUANDO ESTAMOS EM UM AMBIENTE QUE NOS ESTIMULA A IR MAIS LONGE.

arregaçadas, trabalhei com todo gás – e assim foi até ter condições de ter uma equipe novamente.

Para mim, o sucesso de um empreendimento nunca é de um indivíduo apenas. Minha prosperidade está atrelada à prosperidade dos outros. Quando a gente estabelece relacionamentos saudáveis com as pessoas, quando mostra vontade de ajudar de forma genuína, as coisas tendem a dar certo. Esse foi um aprendizado muito importante daquele momento de crise. Uma andorinha só não faz verão, taí um dito popular verdadeiro. Sem as pessoas que estão ao nosso lado, não somos ninguém.

Coopere com os outros, esteja aberto de fato, contribua de forma positiva para a evolução de seus clientes, colaboradores, sócios, parceiros de trabalho, familiares, cônjuges. Ofereça seu melhor e tenha esse foco nas pessoas. Pode escrever: com essa mentalidade, muitas portas vão se abrir.

LÁ NO ALTO, SOZINHO

Não vejo sentido em escalar uma montanha e chegar no ponto mais alto sozinho para que todos me vejam lá em cima. Quero todo mundo subindo comigo, rumo ao topo. Temos de ser solidários com aqueles que acreditam em nosso sonho, ouvir, entender as aspirações dos outros. Faça a diferença na vida dessas pessoas.

Sob esse ponto de vista, de consciência e cuidado com quem está por perto, recomendo que você tenha um propósito definido, algo que o motive a se desenvolver, a prosperar a cada dia mais.

Meu propósito, por exemplo, é ter uma escola para atender crianças com necessidades especiais. Quero ajudar a melhorar a vida delas. Minha sobrinha Rafaela é a grande razão para esse projeto. Ela tem paralisia cerebral e, enquanto escrevo este capítulo, está com 8 anos. Meu desejo é garantir que ela receba todos os recursos para se desenvolver o máximo possível; essa motivação me dá forças para lidar com as dificuldades e continuar fazendo meu melhor.

Acredito que um negócio será tão impactante e próspero quanto as pessoas nele forem alinhadas com valores compartilhados e uma cultura forte. Eu encontrei esse ambiente em nosso negócio e agora pergunto a você: já encontrou seu espaço? Sente-se bem onde está? Como define as pessoas que trabalham com você? Lanço esses questionamentos para que você nunca se esqueça da importância que eles devem ter em sua vida. Reflita a respeito de todos eles.

Do meu lado, digo que nunca acreditei nessa história de que os opostos se atraem. Para mim, quanto mais próximos somos, mais afinidades teremos, e tudo fluirá melhor.

MUITO ALÉM DO PRODUTO

Sempre que tenho a oportunidade de conversar com jovens vendedores, com aqueles que estão no começo da carreira, recomendo que eles pensem no porquê da escolha por vendas, no que eles pretendem com seu trabalho. E digo: se for apenas pelo dinheiro, não vai dar certo.

A missão de um vendedor vai muito além da oferta de um bom produto, nosso mundo é muito maior. Precisamos entender os clientes, seus desejos, insatisfações, vaidades, medos, expectativas, frustrações. Pense primeiro nisso, depois você se preocupa com sistemas, tecnologias, métodos de atendimento.

Ouvir as pessoas e encontrar a melhor solução para elas é o que importa, o dinheiro que você vai ganhar será consequência disso. Apenas faça seu melhor, sem se preocupar com mais nada além disso. Não queira competir com ninguém, a não ser com você mesmo.

O PODER DA EMPATIA

Falar sobre pessoas, sobre o cuidado com elas, é também falar sobre empatia, a capacidade de se colocar no lugar do outro. Fico feliz que o tema esteja sendo cada vez mais debatido nas empresas.

Conforme estudo da consultoria Businessolver, divulgado em 2019[22] e feito com 1.850 profissionais de RH e executivos dos Estados Unidos, 79% dos CEOs reconhecem que a empatia é uma base para o sucesso das companhias – um modo de ver as coisas que felizmente ganhou força nos últimos anos. Para se ter uma ideia, em 2017 o mesmo levantamento indicou que 57% dos executivos acreditavam ser importante investir nessa habilidade no trabalho.

Hoje já se sabe que funcionários que entendem como os outros se sentem e criam laços de afeto verdadeiros com os colegas e os clientes sempre conseguem resultados melhores. Por esse

---

22 LIMA, Monique; AMÉRICO, Juliana. Por que sua empresa precisa de mais empatia. *Você RH*, 15 dez. 2020. Disponível em: https://vocesa.abril.com.br/voce-rh/por-que-sua-empresa-precisa-de-mais-empatia/. Acesso em: 19 jul. 2021.

NÃO VEJO SENTIDO EM ESCALAR UMA MONTANHA E CHEGAR NO PONTO MAIS ALTO SOZINHO PARA QUE TODOS ME VEJAM LÁ EM CIMA. QUERO TODO MUNDO SUBINDO COMIGO, RUMO AO TOPO.

motivo, bato tanto na mesma tecla: envolva-se e sua força será cada vez maior. As pessoas serão sempre o ativo mais importante de qualquer negócio, de qualquer contexto, afinal de contas.

INSPIRE CONFIANÇA

Não à toa o conceito de líder tem sido tão debatido. Uma discussão, a meu ver, muito válida. Ao contrário do simples executivo, o líder inspira confiança mais do que controla os integrantes de seu time,[23] age de forma única, original, desafia e estimula quem está ao seu redor. É aquele que não apenas administra, mas de fato é capaz de inovar.

Se você for o dono de um negócio, procure pensar nisso. Se não for, tenha em conta que o comportamento do líder não depende do cargo que você ocupa: é uma questão de posicionamento, de atitude. Esteja você em que ponto da hierarquia estiver, haja como uma referência, um guia, uma inspiração para quem estiver ao seu redor. Trabalhe como se estivesse trabalhando para a própria empresa.

REFLEXÕES VALIOSAS

Para ajudar você a se inspirar, recomendo uma série de filmes que me ajudou muito em minha caminhada. Dois de meus pontos

---

23 BOYNTON, Andy. Nine Things That Separate the Leaders From the Managers. *Forbes*, 31 mar. 2016. Disponível em: https://www.forbes.com/sites/andyboynton/2016/03/31/want-to-be-a-leader-not-just-a-manager-do-these-nine-things/#6504d78d51e0. Acesso em: 19 jul. 2021.

fortes são a paciência e a resiliência que sempre tive. Talvez por isso, na infância e na adolescência, virei fã de *Rocky – Um Lutador*, uma saga escrita e estrelada por Sylvester Stallone.

Considerado um clássico, trata-se da história de um lutador de boxe que sofre, mas nunca desiste de vencer. Uma excelente reflexão a respeito da força que todos temos, da nossa capacidade de persistir e avançar. Para mim, os grandes vendedores são exatamente aqueles que seguem em frente apesar das dificuldades. Perdemos algumas vezes, caímos, nas nunca desistimos. Até hoje paro para assistir quando descubro que está passando na televisão.

Ainda sobre lutadores, compartilho duas dicas de livros com histórias reais que também me influenciaram bastante. O primeiro deles é *A maior de todas as mágicas*,[24] de James R. Doty. A obra conta a história de um homem que foi filho de pai alcoólatra e mãe depressiva. Ele mudou de vida ao aprender a lidar com suas emoções, principalmente por meio da prática da meditação e do entendimento da importância da compaixão para que possamos viver com leveza e liberdade.

Uma história que tinha tudo para acabar em drama terminou com final feliz: aquele menino triste aprendeu a lidar com suas sombras e se tornou um neurocirurgião. Leitura profunda e motivadora, mexeu comigo.

O segundo é *Excelência para obstinados*,[25] do presidente da RE/MAX Brasil, Peixoto Accyoli. Em seu relato, Peixoto destaca o fato de que todos os objetivos envolvem esforço de nossa parte para serem alcançados. Não há outra saída. Existe sempre um preço a se

---

24 DOTY, James R. *A maior de todas as mágicas*. Rio de Janeiro: Sextante, 2016.

25 Accyoli, Peixoto. *Excelência para obstinados*. São Paulo: Gente, 2019.

CAPÍTULO 7

pagar e tudo vale a pena se temos consciência de nossos objetivos, de nosso caminho, daquilo que realmente nos motiva. Também fiquei muito tocado pelas palavras dele, a quem tanto admiro. Para mim, é uma honra trabalhar ao seu lado:

Para ter forças, renovar as energias, nada melhor do que olhar para onde você estava no começo da sua trajetória, percebendo quanto você avançou ao longo do tempo. Lembre-se das suas conquistas profissionais e do seu valor. Feche os olhos, ouça uma música que o deixe inspirado e pense nos momentos em que você se sentiu mais poderoso no trabalho e na vida. Deixe a emoção vir à tona e você sairá fortalecido dessa experiência simples e individual.

Que você também possa passar por essa experiência de encontro consigo mesmo e que não falte emoção em seu caminho. Também afeto, consciência e respeito por si mesmo e pelos outros.

As pessoas são o mais importante, nunca se esqueça disso. Cuide de você e de quem está perto, dê sua contribuição para que vivamos em um mundo mais amoroso, alegre, leve, equilibrado e próspero. Tenho certeza de que você vai chegar lá. Boa caminhada! E que boas companhias estejam sempre ao seu lado.

REFLEXÕES PARA DAR O PRÓXIMO PASSO

Responda às provocações a seguir para construir seu plano de ação.

Existe alinhamento entre a cultura de sua empresa, você e o time ao seu lado?
_____
_____
_____

Faça uma revisão de sua trajetória e destaque os comportamentos e as habilidades que mais contribuíram em momentos decisivos.
_____
_____
_____

Como você pode se conectar com as pessoas a fim de ressaltar seus valores e demonstrar como elas são importantes para sua história?
_____
_____
_____

Formado em engenharia civil, com pós em finanças e real estate, **Yves Navarro** possui mais de dez anos de experiência no mercado imobiliário e um objetivo principal: ajudar empresários do setor a se desenvolverem e a potencializarem suas empresas. No momento, ele é diretor regional da RE/MAX Paraná Leste.

CAPÍTULO 8

INFLUENCIE PESSOAS E TRANSFORME SUAS VIDAS

POR OTTO CARNEIRO E
ROGÉRIO MORGADO

De todos os capítulos deste livro, este é, definitivamente, aquele que deveria ser escrito por nós. Somos sócios em duas franquias da RE/MAX: a RE/MAX Foco e a RE/MAX Onda, além de sermos master regionais da marca no oeste do Rio de Janeiro. Uma sociedade inusitada que não começou com uma amizade ou com laços familiares. Em 2012, um amigo em comum nos apresentou. Naquele momento, o Otto já tinha uma unidade da rede, mas a empresa ainda não havia sido aberta. Conversamos muito, descobrimos que ambos tínhamos uma vida ligada ao mercado imobiliário e decidimos passar juntos pela experiência de trabalhar ligados à companhia, a maior do mundo no setor. No fim, viramos mais que amigos. Hoje, nós nos consideramos irmãos.

Quando começamos, tínhamos seis corretores trabalhando conosco. Ficamos assim por um ano. O objetivo era ter tempo para aprender, para entender a fundo o modelo de trabalho da RE/MAX. Hoje, nossas duas franquias contam com cinquenta corretores, e nossa master regional tem mais de quinze franqueadas.

Sabemos como encontros bem-sucedidos assim são raros. Muitos conhecidos de longa data têm dificuldade de empreender juntos, compreendemos que não é simples ter afinidade plena a esse ponto. Para nós é muito claro que, se essa parceria vem dando certo, é porque ambos temos como foco a ética, o trabalho em equipe, a vontade de servir para progredir e o talento para agregar pessoas. Essas são nossas bases. E é sobre elas que nós vamos conversar nas próximas páginas.

Entre nós, Rogério, que é engenheiro civil, nunca se viu trabalhando diretamente com obras, sempre preferiu a área de operações das empresas do ramo. Em 2008, quando trabalhava em uma empresa imobiliária de um grande grupo, recebeu de um

CAPÍTULO 8

diretor um exemplar do livro *Everybody Wins*,[26] sobre a estratégia da rede. O executivo trouxe trinta exemplares de uma viagem dos Estados Unidos para distribuir à equipe, com o seguinte recado: "leiam, pois esse será o futuro do mercado". Na época, a marca ainda não tinha chegado ao Brasil, mas já fazia a diferença no setor mundo afora. De fato, como viemos a descobrir depois, a inovação estava escrita naquelas páginas.

Já Otto entrou nesse mundo por meio do trabalho no hotel de sua família, em Angra dos Reis, no Rio de Janeiro. Um empreendimento que, por não estar trazendo o retorno esperado, foi transformado em um apart-hotel. Com menos de 20 anos, encarou a missão de coordenar o trabalho de 120 funcionários diretos. Eram cem apartamentos e toda uma estrutura hoteleira. O objetivo era criar um centro náutico e ter cinquenta unidades próprias e cinquenta de condôminos. Fazer essa venda foi seu primeiro contato com o mercado imobiliário. Tomou gosto pela coisa e não parou mais. O passo seguinte foi a compra, também em Angra, de um terreno para a construção de um condomínio de treze casas de alto padrão à beira-mar. Foi um sucesso.

Nossos caminhos começaram a se cruzar quando Otto foi a uma feira de franquias em 2011, em busca de oportunidades de negócios, e passou pelo estande da RE/MAX. Pouco tempo depois, nosso amigo em comum fez a ponte e aqui estamos. Em 2014, recebemos o prêmio de número um em vendas da marca no Brasil, feito que repetimos em 2016. De lá pra cá, sempre estivemos entre as três franquias da rede que mais faturaram no país e temos orgulho de ser uma referência para outros empresários.

---

26 HARKINS, Phil; HOLLIHAN, Keith; LINIGER, Dave. *Everybody Wins*: The Story and Lessons Behind RE/MAX. New Jersey: John Wiley & Sons, 2005.

PARA NÓS É MUITO CLARO QUE, SE ESSA PARCERIA VEM DANDO CERTO, É PORQUE AMBOS TEMOS COMO FOCO A ÉTICA, O TRABALHO EM EQUIPE, A VONTADE DE SERVIR PARA PROGREDIR E O TALENTO PARA AGREGAR PESSOAS.

SOBRE INFLUENCIAR PESSOAS

Nosso crescimento ao longo dos anos está diretamente relacionado à nossa habilidade em influenciar pessoas e trabalhar para que todo mundo avance. Dessa forma, adotamos algumas técnicas. São atitudes que ajudam o bom profissional a ser ainda melhor a cada dia, exercendo um papel de liderança e protagonismo em seus resultados. Vamos a elas:

Acompanhe sempre sua equipe. Trabalhe com elogios, estabeleça metas e premiações em curto, médio e longo prazos. Organize reuniões periódicas de retorno para sua equipe e apresente os resultados. Use o exemplo positivo de algum colaborador para motivar os demais. Seja dedicado em acompanhar o que está acontecendo, não deixe sua equipe sem liderança. Correções de rota, claro, são bem-vindas.

Crie um ótimo ambiente de trabalho. É fundamental que o líder tenha transparência e agilidade, que seja eficiente em identificar conflitos, trabalhando para resolvê-los da melhor maneira e o mais rápido possível. Quem lidera precisa ser disponível e abrir espaço para a comunicação permanente com o time. Seu poder deve ser exercido para motivar, nunca para intimidar os colaboradores.

Mantenha uma boa postura. Não há nada pior do que o tal do "faça o que eu digo, mas não faça o que eu faço". A postura de um líder é capaz de transformar um ambiente de trabalho (para o bem ou para o mal) e é essencial para que os objetivos dos colaboradores e, em consequência, os da empresa, sejam alcançados.

Para nós, a palavra convence, mas o exemplo arrasta. Quem quer liderar tem de ter o pé no chão da fábrica. As pessoas que trabalham conosco precisam confiar em nós, ter admiração.

Uma relação que, como já citamos, prevê abertura, comunicação, disponibilidade. Precisamos estar perto do time – ombro a ombro, como gostamos de dizer.

Um líder precisa ter afinidade com todos. Nós nos lembramos sempre de uma frase do cofundador da RE/MAX, Dave Liniger, que ouvimos durante um treinamento: "Temos de dar aos nossos corretores e colaboradores todas as condições para eles serem tão bem-sucedidos quanto quiserem ser".

É nisso que nós acreditamos: voltamos nossas atenções para o processo. Os resultados vêm em consequência disso, desse cuidado com nosso modo de trabalho e com a gestão do time.

UM POR TODOS

Acreditamos que o melhor processo é aquele em que todos são responsáveis por todos, como em uma família. Ficamos felizes quando um faz sucesso, os colaboradores têm prazer em compartilhar seus resultados – e é importante eliminar qualquer comportamento que remeta a uma cultura de "canibalismo" entre as equipes. Ou seja, queremos que todos se apoiem e construam um ambiente de crescimento para todos.

Como líderes, acreditamos que cada um é responsável por sua produção. Nós estamos aqui para ajudar, mas não faremos nada além de estar perto, oferecendo orientação, infraestrutura e técnicas para que cada colaborador possa ser tão vitorioso quanto quiser ser.

Essa confiança é fundamental para que todos se sintam seguros e confortáveis. Para que exista realmente espaço para compartilhar dúvidas, opiniões, responsabilidades. Para fazer críticas construtivas, se for o caso. Sem essa base, é inviável a construção de um trabalho em equipe de sucesso.

▌SERVIR PARA PROGREDIR

Não temos dúvidas de que servir é o melhor caminho para liderar. Acreditamos que ter autoridade é motivar as pessoas a se entregar à missão da empresa, a trabalhar para cumprir os objetivos com garra.

O líder servidor desenvolve relações profissionais com base na colaboração e na ajuda mútua, buscando sempre atender às necessidades coletivas e individuais.

Servimos sempre e, quanto mais o fazemos, mais geramos riqueza e crescemos. Com isso aprendemos diariamente e agregamos pessoas motivadas a transformar suas vidas.

▌AGREGAR, ACOLHER, CAPACITAR

Quando falamos em agregar, começamos na ponta, na seleção de profissionais para a equipe que sejam qualificados e alinhados com nosso estilo e com nossas necessidades.

O passo seguinte é o acolhimento, fazer a integração dos funcionários de forma clara, carinhosa e muito bem orientada.

E assim chegamos ao capacitar: por mais qualificado que seja o profissional, é fundamental ter um plano de desenvolvimento bem definido, com base em uma cultura corporativa sólida. Nesse ponto, destacamos que, independentemente do tamanho

O LÍDER SERVIDOR DESENVOLVE RELAÇÕES PROFISSIONAIS COM BASE NA COLABORAÇÃO E NA AJUDA MÚTUA, BUSCANDO SEMPRE ATENDER ÀS NECESSIDADES COLETIVAS E INDIVIDUAIS.

de sua empresa, é preciso ter cultura, valores, metas claras de processos e objetivos. Invista nisso, faz toda a diferença para um negócio longevo.

Se você não é um empreendedor, se não pretende ou ainda não abriu seu negócio, tenha essas etapas em conta para avaliar se faz sentido seguir trabalhando onde você está hoje. Quais são as suas chances de crescimento em uma empresa que funciona de qualquer jeito? Você merece mais, pense nisso.

Boas empresas são empenhadas em fazer a melhor gestão possível de seu principal ativo: as pessoas. Os colaboradores precisam estar satisfeitos com a organização, não há outra opção.

Acreditamos que a proximidade, essa vontade genuína de agregar, gera confiança pela reciprocidade. Apontamos o caminho, queremos que todos avancem ao máximo com seu trabalho. Acreditamos numa tendência natural das pessoas em compartilhar seu sucesso. Você já viu alguém contar com satisfação que perdeu dinheiro num cassino? Incentive seus colaboradores a celebrar seus feitos, abra espaço para que todo o time esteja bem informado nesse sentido.

Essa comunicação das vitórias deve começar por você, permita que a equipe tenha conhecimento de todos os passos dados, de todas as conquistas e planos. O engajamento do seu time será maior quanto mais transparente você for nesse campo.

FOCO NOS RELACIONAMENTOS

Para nós, vale a máxima de que os relacionamentos são mais importantes que as transações. Se o agente imobiliário, o corretor, realmente se importar com o que acontece na vida de seus clientes (tanto vendedores quanto compradores), ele vai querer entender como é o dia a dia dessas pessoas, vai saber conversar, vai compreender as necessidades e os sonhos de quem está à sua frente. Assim, será uma peça importantíssima para a conclusão do negócio, entregando justamente todo o potencial que seus clientes buscam. O fechamento vem como consequência, e não como o motivo do trabalho.

Recomendamos aos nossos vendedores que estudem muito para entender o que de fato pode ser feito para criar vínculo com os clientes. Invista nisso você também. O mundo está cada vez mais superficial, faça a diferença nesse sentido.

Em nossa área, é preciso interagir com as pessoas, não com os imóveis. Com casas e apartamentos, os aplicativos de compra e venda do mercado imobiliário já se relacionam muito bem. Converse, entenda a importância de o filho do cliente ter sido aprovado ou não no vestibular. Bata papo por uma hora, dedique mais tempo a isso do que à visita do bem a ser vendido ou comprado, preocupe-se verdadeiramente com o bem-estar dos outros. Com empatia, seu trabalho não será substituído nunca por uma máquina.

SEMPRE EM CRESCIMENTO

E por falar em dedicação, em estudar para aprender a atender melhor, recomendamos a leitura de *Como fazer amigos e influenciar pessoas*,[27] de Dale Carnegie. Acreditamos ser uma obra de base para qualquer profissional, de qualquer área.

---

27 CARNEGIE, Dale. *Como fazer amigos e influenciar pessoas*. Rio de Janeiro: Sextante, 2019.

O livro explica que apenas 15% do sucesso de um profissional ou de uma empresa vem da técnica. Os outros 85% estão ligados ao modo como você se relaciona com as pessoas.

O autor dá dicas como não ser negativo e reclamar excessivamente, demonstrar admiração verdadeira pelas pessoas (tem de haver sinceridade, ninguém gosta de bajuladores, ser falso é dar um tiro no pé, todo mundo percebe), ter foco nos objetivos dos outros, além de se preocupar com os seus. No mais, é importante sorrir, lembrar-se dos nomes, saber ouvir. Já pensou como seria bom se todos os profissionais trabalhassem seguindo essas orientações? Seja você essa pessoa, busque essa diferenciação.

Outra boa referência para nós é o livro *O gerente-minuto*.[28] A publicação ajuda os empreendedores a ampliar sua capacidade de gestão. Isso por meio de pontos como a atribuição de responsabilidades para a equipe de forma objetiva e eficaz.

O autor aponta três bases nesse sentido: o objetivo-minuto, o elogio-minuto e a repreensão-minuto. Todos feitos de forma rápida, no momento em que a ação aconteceu, devendo ser referenciados e realizados de modo claro, prático e respeitoso.

A Arte da guerra,[29] de Sun Tzu, é outro clássico que você deve ter na estante. A obra é um tratado militar escrito quinhentos anos antes de Cristo. E sua riqueza está nas lições de planejamento, ação e resolução de conflitos. Acima de tudo, é um livro sobre pessoas. Particularmente, gostamos da ideia de que a força de um exército está em sua união, e não em seu tamanho.

---

28 BLANCHARD, Kenneth; JOHNSON, Spencer. *O gerente-minuto*. Rio de Janeiro: Record, 1983.

29 TZU, Sun. *A arte da guerra*: o mais antigo tratado militar do mundo. São Paulo: Gente, 2021. E-book.

É nisso que acreditamos: na força do trabalho e da parceria. Começamos de forma modesta, com seis corretores, como contamos no início deste capítulo. E aqui estamos, fazendo a diferença na rede de uma empresa que, em todo o mundo, é conhecida por ter revolucionado o mercado imobiliário.

O sucesso está aí para todos. Foque nas pessoas, trabalhe duro. Sua prosperidade vai chegar. Torçamos para que venha sem limites e que seja do tamanho de sua vontade de crescer.

REFLEXÕES PARA DAR O PRÓXIMO PASSO

Responda às provocações a seguir para construir seu plano de ação.

Faça uma revisão de como está seu relacionamento com os parceiros. Se tiver sócios, a distribuição de demandas e alinhamento da visão estão confortáveis para todos?

_____
_____
_____
_____

Suas atitudes no dia a dia representam o profissional que quer se tornar e os resultados que deseja alcançar?

_____
_____
_____
_____

Como está sua relação com seu time? Vocês trabalham a fim de ser uma rede de apoio uns para os outros?

_____
_____
_____
_____

Otto Carneiro e **Rogério Morgado** são master regionais da RE/MAX no Rio de Janeiro e franqueados da RE/MAX Foco, na Barra da Tijuca e da RE/MAX Onda, em Copacabana. Desde 2014, colecionam prêmios de gestão e vendas na RE/MAX (*single office* e *multi office*).

Otto Carneiro é pai da Marina e do Pedro e tem como objetivo impulsionar a lucratividade dos corretores e fazer com que eles tenham orgulho da profissão. Ele, com certeza, tem. Com quase 30 anos de experiência no mercado imobiliário, já recebeu diversos prêmios por seu desempenho em vendas. Curiosidade: já concluiu três vezes o Ironman, maior circuito de triathlon do mundo.

Carioca e pai de duas filhas, **Rogério Morgado** é formado em engenharia civil com MBA em Finanças e tem como propósito ajudar as pessoas a se desenvolverem no mercado imobiliário, área na qual atua há quase trinta anos, passando por incorporadoras, construtoras e empresas de venda, e recebendo diversos prêmios por seu desempenho.

PARA NÓS, VALE A MÁXIMA DE QUE OS RELACIONAMENTOS SÃO MAIS IMPORTANTES QUE AS TRANSAÇÕES.

CAPÍTULO 9

CONSTRUA UMA VISÃO PODEROSA COM A CABEÇA NAS NUVENS E OS PÉS NO CHÃO

POR CÉSAR CÁCERES

Nosso propósito deve ser nosso motor diário, aquilo que nos leva a agir, a querer avançar, crescer. Desconheço força mais poderosa. Acredito que todos os sonhos podem ser realizados, desde que estejamos de fato comprometidos com eles. Quais são os seus planos como profissional de vendas? O que você deseja conquistar com seu trabalho?

É tudo uma questão de alinhar o coração e a mente. Não basta apenas desejar, pensar, mentalizar – como se diz. É preciso também sentir, ter alegria ao imaginar que seu objetivo já deu certo, que é algo possível. É ter certeza daquilo que não se pode ver ainda, mas que vai acontecer.

Exatamente por isso gosto da expressão que está no título deste capítulo: uma visão poderosa com a cabeça nas nuvens e os pés no chão. Ou seja, sonhar com algo além do que se tem hoje e, claro, trabalhar para isso – esta é exatamente a parte dos "pés no chão".

Assuma um compromisso diário com seu desenvolvimento, com suas ações, com o objetivo de chegar aonde deseja. É pensar, sentir e agir. Esse conceito não existe apenas em minha vida, mas faz parte da visão de mundo de muita gente.

Muitos especialistas, inclusive, falam do conceito de cocriação da realidade. Essa é a linha de estudos da brasileira Elainne Ourives.[30] Treinadora mental, ela recomenda que as pessoas visualizem seus sonhos realizados e defende que foquemos exatamente nisso: na emoção, no pensamento e na ação.

Fique atento à sua mentalidade, suas crenças, sua fé. O segredo do sucesso está em sua agenda diária. Eu mesmo penso nisso todos os dias e procuro não me desviar de meus objetivos.

---

30 OURIVES, Elainne. *DNA da cocriação*: sintonize seu novo eu. São Paulo: Gente, 2020.

A AUTOCRÍTICA

Desse modo, uma parte importante desse acompanhamento constante a respeito do que estou fazendo para concretizar meus planos envolve a autocrítica. É se olhando no espelho que a gente consegue evoluir. Mas isso com sinceridade, com verdade. Você sabe que não precisa ser incrível todos os dias, pois você é humano e passível de falhas, mas procure aprender com os dias ruins, com aqueles em que sabe que não fez seu melhor. Seja um especialista da autocrítica construtiva.

Pense que a identificação e a construção de um propósito poderoso de vida devem ser feitas quanto antes. Busque superar seus limites a cada dia, cultive os sonhos que quiser, não se reprima. Se não começar hoje, quanto tempo vai levar para chegar lá?

Não estou dizendo que é tudo muito simples, fácil de executar. Cada um sabe de si, da própria vida e das próprias limitações. Mas, por outro lado, garanto a você: vale a pena.

Eu me sinto percorrendo um caminho que tem início, mas nunca terá fim. Uma jornada que ganha força a cada dia, principalmente quando tenho a oportunidade de conhecer pessoas que me ajudam e ampliam meus pontos de vista. Sou muito grato por isso.

Qual é o sonho que o faz sair da cama todos os dias para ganhar o mundo?

Outro ponto importante nessa caminhada é seguir em busca do sucesso apoiado em valores sólidos. Sem eles, sem ética em suas ações, você pode até ser vitorioso, obter êxito, mas, lá no fundo, não vai conseguir se sentir tão merecedor assim. Aliás, o que mais se vê por aí são estrelas fugazes, gente que ganha fama e sai de cena pouco tempo depois. Não é isso que você quer para sua história,

ASSUMA UM COMPROMISSO DIÁRIO COM SEU DESENVOLVIMENTO, COM SUAS AÇÕES, COM O OBJETIVO DE CHEGAR AONDE DESEJA. É PENSAR, SENTIR E AGIR.

eu sei. Se está lendo este livro agora, é porque procura ir além, porque busca algo mais.

DETERMINAÇÃO

É preciso ter determinação para seguir. E para te ajudar a ter mais clareza em relação aos seus projetos, quero compartilhar com você o método que aplico em minha vida.

Todo ano, no dia 31 de dezembro, antes que os fogos façam a festa no céu à meia-noite, faço uma avaliação do que realizei ou deixei de realizar nos últimos doze meses e escrevo minhas metas para o período seguinte. Isso não é tudo: em 1º de janeiro, redijo um compromisso formal com aquilo que estabeleci como objetivo e faço uma oração pedindo a Deus que me oriente em cada decisão que for tomar dali por diante. Tenho feito isso nos últimos doze anos e estou satisfeito com os resultados. Recomendo que você também tenha suas práticas, que descubra a melhor forma de acompanhar seu crescimento, o cumprimento de seus objetivos e a realização de seus sonhos.

Lembrando que de nada adianta seguir esses rituais e não acompanhar, dia após dia, o próprio desempenho. Há um ditado popular aqui no Paraguai, onde nasci e ainda vivo, que diz: não existem atalhos para lugares onde realmente vale a pena chegar. Acredito nisso.

Sonhe, voe alto. Que seu propósito seja ajudar a mudar sua vida, a vida de sua família, a sociedade em que você vive, seu país, o mundo.

Já comece sabendo que haverá muita gente que não confia em você, que não acredita que você pode chegar lá, inclusive seus parentes. Não desanime.

Apoie-se em pilares como sua honestidade, ética, lealdade, coragem, talento profissional e fé. A vida há de recompensar você.

Gosto quando John Maxwell[31] afirma que planos falidos não devem ser interpretados como uma visão falida. A gente avança e aprende ao longo da vida. Nossos planos são refinados com o tempo, podem e devem mudar, precisamos ter flexibilidade.

Não faz muito tempo, visitei uma propriedade em Itauguá, cidade a 35 quilômetros de Assunção, a capital do meu país. Na noite anterior, uma tempestade havia atingido a região, com ventos de mais de 100 quilômetros por hora. Muitas casas foram danificadas.

No imóvel visitado, uma árvore de mais ou menos 15 metros de altura por 30 centímetros de largura caiu. Em outro ponto, vi umas plantas bem finas, de cinco metros de altura por 15 centímetros de espessura, intactas. Com elas, por serem muito flexíveis, não aconteceu nada.

Muitas vezes, nos momentos de crise, pensamos que a melhor forma de resolver as coisas é com força e determinação, o que pode gerar muito estresse e tensão. Em determinadas situações, é melhor ter flexibilidade para se segurar na tormenta, para ter sabedoria ao lidar com as adversidades.

Tenho orgulho de dizer que, na RE/MAX Paraguai, da qual sou presidente, soubemos agir desse modo diante da pandemia de covid-19. Em meu país, tivemos uma quarentena que durou dois meses, com tudo fechado mesmo. Todos os negócios, claro, foram

---

31 MAXWELL, John. *Atitude vencedora*: descubra a chave do sucesso pessoal e profissional. São Paulo: Thomas Nelson Brasil, 2015.

afetados. Nossos escritórios, evidentemente, não funcionaram. E nossos agentes também não podiam se deslocar a trabalho.

Não podíamos ficar apenas sentados esperando que uma solução mágica para a crise aparecesse diante de nossos olhos. Decidimos então ser agentes de mudança e de ações positivas, de modo que pudéssemos melhorar a vida de nossos colaboradores e de nossos clientes.

A partir daí, avaliamos a situação, estabelecemos prioridades e criamos canais de comunicação para toda a nossa rede. Criamos um protocolo de prevenção contra a doença e treinamos nosso time para lidar com a situação.

Aproveitamos o período de suspensão das atividades para oferecer treinamentos para nossos funcionários sobre temas variados, como teletrabalho, relação com os clientes, melhores práticas de vendas, avaliação de desempenho e liderança em tempos de pandemia. Foram mais de cento e oitenta dias de capacitação, um trabalho intenso para motivar nossa equipe.

Assim, mesmo com toda a crise mundial causada pelo coronavírus, em 2020 crescemos 41% em número de propriedades comercializadas e 15% na quantidade de transações realizadas em comparação ao ano anterior.

Vejo esses números e tenho a certeza de que fizemos o melhor que podíamos. Nós nos colocamos em movimento, não perdemos a fé. A fé em nosso negócio, em nosso trabalho, em nosso talento, em nossa capacidade de fazer as coisas acontecerem. Foi uma lição valiosa, um marco de nosso crescimento como vendedores, como prestadores de serviço.

NÃO PODÍAMOS FICAR APENAS SENTADOS ESPERANDO QUE UMA SOLUÇÃO MÁGICA PARA A CRISE APARECESSE DIANTE DE NOSSOS OLHOS. DECIDIMOS ENTÃO SER AGENTES DE MUDANÇA E DE AÇÕES POSITIVAS.

CORAÇÃO DE ESTUDANTE

Tudo isso só foi possível porque estivemos abertos, porque soubemos aproveitar as oportunidades, porque tivemos consciência da importância do estudo e da qualificação. Comecei a trabalhar aos 17 anos, no setor de atendimento ao cliente de um banco internacional, mas nunca parei de estudar.

Sou formado em Economia e, além disso, já fiz cursos de Desenvolvimento Imobiliário, Coaching (com o John Maxwell, a quem admiro), MBA e muitos outros. Acredito que o processo de aprendizagem deve ser contínuo e tem relação direta com nossos resultados.

Se você quer ser uma pessoa muito bem-sucedida com vendas, negociação ou qualquer outra área, estude bastante, invista em boas formações, aposte em você. Os melhores profissionais são aqueles com preparo técnico e sensibilidade para entender o que o cliente realmente deseja, para resolver os problemas que as pessoas nem sabem que têm.

É essa a base que vai lhe permitir realizar todos os seus sonhos, os mais grandiosos. Sonhar alto e colocar tudo em prática por ter os dois pés no chão, por estudar, trabalhar, acompanhar o próprio desempenho dia após dia.

É nisso que eu acredito, no voar sem limites, mas fazendo por onde viabilizar cada ponto de seu plano de voo. Siga em frente e nunca perca sua fé.

REFLEXÕES PARA DAR O PRÓXIMO PASSO

Responda às provocações a seguir para construir seu plano de ação.

Revise sua agenda diária: como você pode deixá-la mais alinhada aos seus objetivos?

_____
_____
_____
_____

Faça a revisão de seus últimos doze meses: quais foram as principais conquistas e os maiores aprendizados?

_____
_____
_____
_____

Trace seu plano de voo para os próximos doze meses e, ao lado dos objetivos, indique os recursos essenciais para viabilizar seus projetos.

_____
_____
_____
_____

Presidente da RE/MAX Paraguai, **Cesar Cáceres** é também diretor regional da empresa para o Mato Grosso do Sul e Paraná. Economista de formação, se apaixonou pelo mercado imobiliário, área que estuda e na qual atua há mais de dez anos. Busca, todos os dias, ajudar brokers, corretores e, claro, clientes, a realizarem seus sonhos.

CAPÍTULO 10

FAÇA SEU NEGÓCIO TRABALHAR PARA VOCÊ

POR PEDRO VIRIATO

Sempre que alguém me pede um conselho, a única orientação profissional que eu dou é: acorde cedo, agradeça, foque primeiro em si para depois ajudar os outros e seja sempre humilde. Humilde em tudo o que você faz.

Penso que as palavras acima resumem a essência de tudo o que eu quero destacar nas próximas páginas. A base do "fazer seu negócio trabalhar para você". Para chegar ao ponto onde me encontro hoje, foi todo um processo de aprendizado e evolução. De mudança de paradigmas, de entendimento de como as coisas funcionam mesmo. Errei para aprender a acertar, construí uma história da qual me orgulho e sobre a qual vou falar um pouco aqui.

Fazer seu negócio de fato trabalhar para você é, na minha opinião, um dos grandes desafios dos líderes e empreendedores. No começo, a gente faz mesmo de tudo um pouco, o que considero natural. É a largada da corrida, a gente precisa encaminhar os processos, dar os direcionamentos necessários, entender como as coisas funcionam, coordenar o time.

Passada a etapa inicial, para que sua empresa possa voar de verdade, quem quer de fato ter um empreendimento – e não aquilo que eu gosto de chamar de autoemprego – precisa considerar três pontos essenciais: um modelo escalável de negócio, uma rede de apoio e uma equipe que seja treinada e aperfeiçoada o tempo todo.

No livro *Atitude Positiva Diária*,[32] o empresário Eduardo Volpato conta uma história pessoal que ilustra bem a questão do modelo escalável. Ele, que começou sua carreira trabalhando como eletricista, passou a vender equipamentos como câmeras e alarmes.

---

32 VOLPATO, Eduardo. *Atitude positiva diária:* os segredos para guiar a sua mente e ir em direção a uma vida de riqueza, saúde e sucesso. São Paulo: Gente, 2020.

CAPÍTULO 10

Era, segundo ele, uma atividade que dependia de determinado volume de vendas para compor uma renda média mensal.

Assim, ele teve a ideia de oferecer o monitoramento pelo uso dos alarmes, alugando os equipamentos em vez de vender. A decisão traria escala e contratos mensais de prestação de serviços, garantindo uma renda por mais tempo, sem mais depender das vendas unitárias mensais.

Será que você, em seu trabalho, seja atuando como colaborador, seja empreendendo, consegue pensar em alternativas assim? Como seria capaz de escalar os serviços que presta e ampliar seus ganhos? Pense um pouco nisso.

Contar com o suporte de uma rede faz toda a diferença no desempenho de qualquer empresa. E você não precisa estar vinculado a uma estrutura grande como uma franquia para isso, como é meu caso, que sou diretor regional da RE/MAX.

Você pode, por exemplo, estar associado a outros profissionais de sua área, firmar parcerias com outras empresas. E isso pode ser útil para você nas mais variadas maneiras, para obter descontos em compras coletivas, para fazer campanhas de marketing e atração de clientes em conjunto, para ajudar você a crescer, entre outros.

O terceiro ponto que considero vital para que sua empresa ande com as próprias pernas é buscar sempre, pelo tempo em que o negócio existir, um time muito preparado. Invista tudo o que puder nisso que o retorno virá, esteja certo disso.

Cada pessoa é única e, no campo profissional, mais realizada estará se puder trabalhar com liberdade e respeito. No passado tinha muita dificuldade em aceitar que as pessoas não faziam necessariamente o que eu achava ser o certo. Hoje entendo a importância de delegar, de confiar naqueles que trabalham comigo. Ofereço as bases, o meu conhecimento, e aceito que elas são capazes de fazer seu melhor, de melhorar o desempenho de minha empresa e enxergar soluções que eu não identificaria sozinho.

O foco nas pessoas ganha ainda mais relevância quando consideramos que o relacionamento pessoal e o cuidado no atendimento, a atenção genuína, são diferenciais em tempos de ascensão da tecnologia. Recomendo sempre aos meus colaboradores que tratem cada um de seus clientes como tratariam um parente muito amado, alguém de quem eles gostem muito em suas famílias.

Pense nisso. Uma empresa não deve depender de seu gestor para existir e funcionar bem. Procure desenvolver práticas e processos para que a produtividade não caia quando você não estiver por perto, por exemplo.[33] Adote padrões e compartilhe-os com todos, cada área deve saber como a outra funciona. Assim, ao promover mais integração dos processos, as coisas fluirão melhor e a comunicação entre os departamentos se tornará cada vez mais efetiva.

E comunicação é o tema-chave para sua atuação em qualquer negócio. Cuide muito bem de como a informação circula perto de você, observe o modo como você se comunica com seus clientes, a maneira como coloca, para eles, os benefícios do produto ou do serviço que você vende e como isso tudo pode ajudar a melhorar a vida dele. Ofereça o atendimento personalizado e preciso que ninguém mais oferece.

---

33 SUA empresa funciona sem você? *Sebrae*, 6 jul. 2017. Disponível em: https://www.sebrae.com.br/sites/PortalSebrae/artigos/sua-empresa-funciona-sem-voce,-ca1898912281d510VgnVCM1000004c00210aRCRD. Acesso em: 19 jul. 2021.

CAPÍTULO 10

VENDAS À PROVA DE CRISES

VINTE E QUATRO HORAS POR DIA, SETE DIAS POR SEMANA

Vejo muitos empreendedores assustados com a ideia de estar à disposição do próprio negócio, do próprio trabalho, vinte e quatro horas por dia, sete dias por semana. Em minha avaliação, precisamos entender que o mundo mudou e não há mais uma separação formal entre as diferentes esferas da vida. Em um mundo globalizado e totalmente conectado, temos de estar disponíveis e prontos para atuar mesmo em dias ou horários não convencionais.

Trabalhar fora do escritório e com uma rotina mais flexível já era uma realidade no mundo corporativo bem antes de a pandemia de covid-19 ganhar todos os continentes em 2020.

O debate deve considerar o fato de que é possível ter mais produtividade e manter qualidade de vida.[34] Se você organizou sua agenda e atendeu todos os clientes que precisava até quinta-feira, por que não passar a sexta com seu filho, já que é aniversário dele? É assim que funciona. Uma disponibilidade 24 × 7 que também oferece a liberdade de ser responsável pela própria agenda e fazer acordos claros que atendam às suas demandas sem descuidar das relações mais importantes: a de você consigo mesmo e com aqueles que ama.

Sem falar do mais importante: quando seu trabalho está alinhado ao seu projeto de vida, ele não é um fardo, mas uma fonte de alegria e realização.

---

34 NOVAS formas de trabalho: como adequar minha empresa à essa realidade? *Great Place To Work*, 17 mar. 2020. Disponível em: https://gptw.com.br/conteudo/artigos/novas-formas-de-trabalho/. Acesso em: 19 jul. 2021.

QUANDO SEU TRABALHO ESTÁ ALINHADO AO SEU PROJETO DE VIDA, ELE NÃO É UM FARDO, MAS UMA FONTE DE ALEGRIA E REALIZAÇÃO.

VENDAS À PROVA DE CRISES

I RESILIÊNCIA E DISCIPLINA

Se não fosse um motivo de alegria, eu não estaria aqui contando minha história para você. Não teria descoberto que sou capaz de ter resiliência e disciplina para realizar meus sonhos.

Assim como todas as histórias, a minha não foi toda feita de flores. Permita-me voltar um pouco no tempo para que você possa entender.

Sou português, filho de um casal de contadores de classe média e criado em um bairro tradicional de Lisboa chamado Alvalade. Sou formado em Gestão de Empresas e comecei minha carreira em uma empresa grande do setor de hotelaria.

Um dia, fui convidado por um dos homens mais ricos do meu país para trabalhar em um projeto na área de turismo no Brasil. Ele falou com tanto entusiasmo das oportunidades à disposição dos empreendedores por aqui que eu decidi recusar a proposta e me mudar para cá em busca de excelentes possibilidades. Estava com 37 anos, era o momento de deixar de ser funcionário e começar a empreender. Vim com toda a minha família, trouxe até meu irmão.

Pensando no que fazer, recebi de meus mentores a orientação de investir em uma franquia. Na época, a RE/MAX estava dando seus primeiros passos no Brasil, mas já era líder de mercado em Portugal. Identifiquei ali uma oportunidade e entrei em contato com a empresa em 2013.

E assim foi feito. Fechei sociedade com um empreendedor experiente no mercado do Nordeste, onde me instalei. Uma pessoa muito experiente em corretagem e que já tinha duas lojas da marca.

Tudo muito promissor, mas, por motivos diversos, não estávamos conseguindo crescer. Todos os meus sonhos de ser empresário e prosperar em um país novo estavam indo por água abaixo. Meus amigos me diziam para voltar para Lisboa, onde eu sempre teria muitas oportunidades de trabalho à minha espera. Mas eu não queria que os planos terminassem assim.

Depois de todo um processo de negociação que não foi nada simples, fiquei sozinho à frente das lojas. Assim, comecei 2016 já vivendo uma nova fase. Estava chegando a hora de fazer sucesso, mas para isso eu precisaria desenvolver com muita dedicação a resiliência e a disciplina que mudariam minha realidade.

Passei a percorrer em média 5 mil quilômetros por mês, em viagens de carro de cinco, seis horas de duração, para viabilizar a abertura de novas franquias no Ceará. Falávamos de manhã com um franqueado em Fortaleza e, à tarde, já estávamos em Juazeiro do Norte, a mais de 500 quilômetros de distância.

Tinha um time tão motivado e focado no crescimento da empresa que nada daquilo era pesado. Em outubro do mesmo ano, já tínhamos mais de vinte unidades em funcionamento no estado.

Tudo ia muito bem até que, nesse mesmo mês, sofri uma trombose,[35] um coágulo em um vaso sanguíneo, a mais de 600 quilômetros de casa. O médico me orientou a ficar quinze dias imobilizado e a fazer uma cirurgia em um prazo de seis meses. Não poderia viajar por um tempo.

Senti muito, claro, mas pensei que precisava ser um exemplo, nem que fosse só para meu filho, Gustavo. Nos quinze dias em que fiquei de repouso, fechei, via Skype, a aquisição de mais dois estados para abrir franquias: Rio Grande do Norte e Paraíba. Foi

---

35 ALMEIDA, Cristina. Trombose: conhecer fatores de risco e agir rápido previnem complicações. *VivaBem*, 2 jun. 2020. Disponível em: https://www.uol.com.br/vivabem/noticias/redacao/2020/06/02/conhecer-fatores-de-risco-e-agir-rapido-previnem-complicacoes-da-trombose.htm. Acesso em: 19 jul. 2021.

CAPÍTULO 10

quando minha equipe entendeu que não pararíamos, aceleraríamos ainda mais.

Não posso reclamar de nada, os resultados foram fantásticos. Valeu a pena ter insistido, apostado, acreditado que aquele era meu caminho. Não deixei que nada atrapalhasse meu sonho, afinal. Ficamos muito fortes.

Em 2019, já tínhamos mais de 65 franquias e quinhentos corretores trabalhando conosco. No mesmo ano, começamos a trabalhar também no Piauí e no Maranhão. Em 2021, chegamos ao Mato Grosso e a Goiás.

Olhando para trás, chego à conclusão de que precisamos ser resilientes, sobretudo diante do não, das negativas que recebemos. Quem ocupa a linha de frente no atendimento comercial precisa saber que o não é o caminho do sim.

Já a noção de disciplina nos ajuda a entender que vender é um processo mesmo, um passo a passo. Não se vai adiante sem consistência. É como querer escovar os dentes um dia inteiro e passar o resto do mês sem escovar: não vai dar certo.

Vender é um ofício que requer habilidades tal como um agricultor ou caçador. Semeamos para depois colher, mas, quando estamos diante de uma boa oportunidade, temos mais é que caçar.

UM ABRAÇO FORTE

O saldo disso tudo é o melhor possível. Sou um apaixonado por gente e me encontrei ao trabalhar ao lado de pessoas que não têm receio de abraçar forte, de apresentar a família, de visitar a

VENDER É UM PROCESSO MESMO, UM PASSO A PASSO. NÃO SE VAI ADIANTE SEM CONSISTÊNCIA.

casa, de oferecer o que têm de melhor. Hoje, conseguimos rir dos desafios que enfrentamos.

Para mim, foi uma felicidade ter me desenvolvido ao mesmo tempo que ajudei outras pessoas a realizarem seus sonhos. Foi um diferencial em minha caminhada, que levou minha empresa a ser capaz de trabalhar para mim.

REFLEXÕES PARA DAR O PRÓXIMO PASSO

Responda às provocações a seguir para construir seu plano de ação.

Analisando criticamente seu negócio, que possibilidades você enxerga para torná-lo mais escalável?
_____
_____
_____
_____

Identifique sua rede de apoio ideal.
_____
_____
_____
_____

Que ações você pode implementar para que seu time tenha uma rotina de aperfeiçoamento?
_____
_____
_____
_____

Pedro Viriato dedicou quinze anos de sua carreira aos setores turístico e hoteleiro antes de se voltar exclusivamente ao setor imobiliário. Hoje, como Diretor regional da RE/MAX Brasil, trabalha incansavelmente para modificar a forma como o mercado vê o corretor de imóveis - e já se vão quase dez anos nessa nova e vitoriosa jornada.

CAPÍTULO 11

O PODER DAS PESSOAS

POR PEIXOTO ACCYOLI

Comecei este livro falando sobre a importância de colocar as pessoas em primeiro lugar. É essa atitude que nos impulsiona e nos coloca na rota para alcançarmos o reconhecimento de nosso trabalho. Ao longo dos capítulos, você, leitor e leitora, teve a oportunidade de conhecer parte da trajetória de onze autores que me inspiram todos os dias a ser uma pessoa melhor.

Como lhe disse no início, acredito que o resultado que conquistamos é o efeito colateral de um trabalho bem-feito. O que esses homens apaixonados por vendas e por servir compartilharam é a prova de que essa máxima funciona.

Por isso, gostaria de dividir com você uma história que, para mim, representa o que a prática de todas as habilidades e as reflexões que viu nos capítulos anteriores podem gerar.

Era a R4 Global em Las Vegas, a convenção mundial da RE/MAX, e o ano era 2016. Eu tinha acabado de me tornar CEO da RE/MAX Brasil. E como estava na filial brasileira desde 2009, no início da operação, sabia definitivamente que o Brasil não era um exemplo de sucesso.

Sim, nós vendíamos muitas franquias. Já no primeiro ano, vendemos mais de cem. Ganhamos até o desafio que Dave Liniger nos fez: "se vocês venderem cem franquias no primeiro ano, eu vou para o Brasil comemorar". Vendemos e ele veio.

Mas, apesar de vender muitas franquias, passados cinco anos do início da operação, nós também tínhamos outros recordes na RE/MAX internacional:

- Um índice altíssimo de mortalidade de franquias;
- Umas das mais baixas performances de comissões por franquia e por corretor;

CAPÍTULO 11

- **Um índice de inadimplência das franquias que chegou a superar 40%.**

Além disso, já colecionávamos uma série de notificações da matriz internacional pelos constantes atrasos de pagamento de nossas obrigações contratuais. Apesar da boa amizade que tínhamos com todos na sede da empresa em Denver, no Colorado, e de nunca termos atribuído nosso fracasso à RE/MAX, acredito que eles já estavam bastante cansados de nós. Nós não seguíamos as orientações, não seguíamos o "modelo RE/MAX". A verdade é que os sócios da RE/MAX Brasil já tinham muito sucesso no mercado imobiliário e isso fazia com que achássemos que no Brasil as coisas eram diferentes, que precisavam ser adaptadas, "tropicalizadas" – e que poderíamos confiar apenas na experiência individual que possuíamos. Vários executivos da RE/MAX Internacional já tinham usado de diversas estratégias para nos sacudir e, aparentemente, não tinha efeito.

Então, em 2016, durante a R4 em Las Vegas, o time global tinha feito um estudo de *benchmark* com todos os países e regiões e, com base em fatos e dados, a RE/MAX LLC decidiu dividir as regiões presentes no encontro em duas salas:

1. As melhores regiões da rede.

2. Os novatos e as piores regiões (na verdade, eles nunca falaram que era a sala dos piores. Mas se não era a sala dos melhores, o que sobrava?).

Apesar de todos os problemas que tínhamos, nós vendíamos muitas franquias e, naquele momento, já tínhamos 117 escritórios em operação, algo que fazia com que nos sentíssemos entre os melhores da rede Os problemas que apresentávamos, para nós, eram apenas demandas de "pequenos ajustes".

Lembro-me do momento em que, junto com o Renato Teixeira, então presidente do conselho da RE/MAX Brasil, entrei na sala onde estavam as regiões que eu sempre admirei, como Argentina, Itália, Israel, Portugal... E, ao chegar no meio da sala, encontro Larry Oberly, vice presidente global, à época, com um copo de café na mão. Ele olha para mim e fala: "Oi, Peixoto, tudo bem? A sala de vocês não é essa, é a outra. Pode ir para lá. Estamos quase começando". E para lá fui, junto com o Renato.

Sentamos logo na frente, numa mesa no canto esquerdo da sala. Lá estavam os diretores da RE/MAX Internacional, Gustavo Caricote e Ján Repa, dezenas de diretores regionais novatos e pouquíssimos rostos conhecidos. Definitivamente estar ali foi um dos momentos mais desconfortáveis da minha vida. Não fiquei com raiva, não reclamei com ninguém. Na verdade, fazendo uma análise da situação, eu sabia que merecia estar ali. Precisava colocar o meu ego e a minha vaidade de lado e aprender com aquela lição. Lembro que o Ján e o Gustavo falavam de temas que eu já ouvira diversas vezes nos cursos de "Diretores Regionais" que fiz em Denver e nas diversas conversas que eu tive com o Gustavo e com o Larry.

Agora, como CEO, eu apenas precisava "Seguir o Modelo RE/MAX". Nem mais nem menos. Sem tentar reinventar a roda.

Saímos da sala quando o evento acabou e eu fiz uma promessa para o Renato: nunca mais o Brasil estará entre os piores.

E mais: em no máximo 5 anos, seremos reconhecidos como uma das melhores regiões do ano. E aqui estamos.

HONRE SUAS PROMESSAS

Falar é bem diferente de realizar. Ao chegar no Brasil, comecei a analisar detalhadamente o que precisávamos fazer, e os desafios à nossa frente eram enormes. Naquela altura, assim que assumi a operação, disse para os sócios da RE/MAX Brasil que não queria mais um real deles – eles investiam milhares todos os meses para a empresa continuar viva, mesmo nunca tendo dado um centavo sequer de lucro. Eles já estavam bem desanimados com o negócio. Além disso, tínhamos uma dívida monumental com a RE/MAX Internacional e com a Gryphtech, que era a fornecedora global de tecnologia.

Mas se tínhamos um desafio gigante "dentro" de nossa empresa, o desafio com a rede RE/MAX no Brasil era ainda pior. Como o Brasil é um país continental, desde o início da operação nós o dividimos em regiões. E cada umas delas tinha uma estratégia própria.

A grande maioria dos franqueados que compraram a "franquia que mais vende imóveis no mundo" usava apenas o logo da RE/MAX, sem considerar o modelo de gestão do negócio que colocou a marca em primeiro lugar no mercado mundial. Já os corretores, sequer usavam o pin do balão, que é símbolo da marca, imagine o método de trabalho. Ou seja: faltava alinhamento, cultura organizacional e padronização. E nós éramos os responsáveis por fazer isso acontecer.

ACREDITO QUE O RESULTADO É O EFEITO COLATERAL DE UM TRABALHO BEM-FEITO. O QUE ESSES HOMENS APAIXONADOS POR VENDAS E POR SERVIR COMPARTILHARAM É A PROVA DE QUE ESSA MÁXIMA FUNCIONA.

Começamos a trabalhar.

Internamente, na sede da RE/MAX Brasil, cortamos mais de 50% dos custos operacionais, revisamos os contratos com fornecedores, demitimos pessoas e tivemos de rever papéis e funções para que a transformação fosse viável. E uma diretriz que fez toda a diferença foi alinhar que nós não fazíamos nada que não tivesse impacto direto em três fatores:

- **Aumento de unidades franqueadas abertas;**
- **Aumento da quantidade de corretores;**
- **Aumento do faturamento da rede.**

A propósito, esses eram os números que verdadeiramente nos interessavam. Sabíamos que só conseguiríamos atingir nossos objetivos se ajudássemos cada um que fazia parte da RE/MAX no Brasil a vencer. Tínhamos a clareza de que a primeira pessoa que deveria ganhar dinheiro era o corretor seguido do franqueado, depois as master franquias regionais e, por fim, a RE/MAX Brasil.

Não havia outra alternativa: precisávamos criar uma cultura forte. Criar engajamento. Precisávamos ter todos o mesmo barco. Mais que isso, precisávamos estar no mesmo barco e na mesma direção. Nesse momento, criamos um mantra: **siga o modelo**, que se referia ao modelo RE/MAX, que, de uma maneira bastante resumida e simples se resume em dois pilares:

1. executar as melhores práticas do mercado imobiliário global;

> **2. entender que cada corretor associado à RE/MAX é um empreendedor, um empresário, com direitos e deveres; o sucesso só virá se tivermos auto responsabilidade. Se assumirmos o nosso destino sem terceirizar para ninguém a responsabilidade pelo nosso sucesso, nem, tampouco, ficar culpado os outros pelos nossos fracassos.**

Foram centenas de ações. No começo, com poucos. Todos estavam muito desconfiados. Mudar uma cultura é infinitamente mais difícil do que criar uma nova. Mas, aos poucos, todos começaram a perceber que queríamos apenas uma coisa: ajudar a família RE/MAX no Brasil a vencer.

E foi aí que os resultados começaram a aparecer. A RE/MAX Brasil e a maioria dos diretores regionais passaram a compartilhar os mesmos objetivos. Os franqueados, brokers e os corretores perceberam que que só se tornariam a empresa que mais vende imóveis no Brasil se seguissem o modelo da Empresa que Mais vende imóveis no mundo. Não bastava ter o boton do balão. Precisavam "seguir o modelo".

Crescemos. Batemos nossos próprios recordes. Saímos de 117 franquias abertas em 2016 para 323 franquias em dezembro de 2019, quando fizemos o *summit* com franqueados, regionais e os melhores corretores. O ano de 2020 era nosso! Até que chegou a pandemia. Em 16 de março, antes da primeira morte no Brasil pela covid-19, tomamos a decisão de fechar os escritórios no país. Decidimos pela preservação da vida da família RE/MAX no Brasil. É claro que poderíamos quebrar, mas a vida era mais importante do que qualquer dinheiro.

Criamos comitês de crise e dezenas de ações para superarmos esse momento tão desafiador. Possivelmente o momento mais difícil para toda humanidade nos últimos cem anos. Todos os diretores regionais e o time da RE/MAX Brasil trabalharam vinte e quatro horas por dia, sete dias por semana. Adotamos o lema que o CEO da RE/MAX Israel, Bernard, falou em uma das reuniões do comitê de crise global, promovidas pela RE/MAX LLC: "Nós não estamos em *lockdown*, apenas mudamos a forma de nos comunicarmos com o mercado". E o resultado é que nunca crescemos tanto como em 2020. Nunca estivemos tão conectados, engajados e focados. E esse crescimento, que vem acontecendo de maneira sustentável desde 2016, continua acontecendo em 2021. Em agosto, momento em que estou concluindo este livro, já superamos 7500 membros da família RE/MAX com quase 500 franquias abertas. Nunca, desde o início da RE/MAX no Brasil, ajudamos tanta gente a vencer.

Com tudo isso, quero dizer a você, leitor, que o segredo dos vendedores e empresários de sucesso daqueles que viraram o jogo mesmo com todas as fichas contra, é olhar obstinadamente para as pessoas, seus sonhos e objetivos. É se preocupar em entregar o melhor que pode oferecer para que todos na mesa ganhem, com transparência e ética. É acreditar que o todo é mais importante que cada parte individualmente. É colocar os interesses da empresa acima dos seus interesses pessoais. É olhar sempre a longo prazo. É ter comprometimento, foco e resiliência. É saber que quanto mais se aprende e aplica o que aprendeu, mais sucesso será alcançado.

Vender, negociar, planejar experiências, alinhar expectativas com quem está ao seu lado na empresa são ações que fazem parte da rotina de todo profissional. Estamos sempre vendendo,

QUERO DIZER A VOCÊ, LEITOR, QUE O SEGREDO DOS VENDEDORES MILIONÁRIOS, DAQUELES QUE VIRARAM O JOGO MESMO COM TODAS AS FICHAS CONTRA, É OLHAR PARA AS PESSOAS, SEUS SONHOS E OBJETIVOS.

entregando algo para alguém. Não foi a tecnologia ou os investimentos fora da curva que fizeram a RE/MAX Brasil dar a volta por cima e se tornar um negócio lucrativo: foi o engajamento das pessoas e a convicção de que, quando oferecemos o máximo serviço, todos ganham.

E agir assim com consistência todos os dias só é possível quando entendemos que por trás de todo produto e todo serviço há um propósito maior: tornar a vida de cada pessoa melhor!

Obrigado por ter chegado até aqui. Desejo todo sucesso a você e aos seus negócios!